栗が風を運んだ

菓子店と農家が創る地域ブランディング

鎌田真悟

永末書店

はじめに

岐阜県は、美しい自然と豊かな風土に恵まれた土地です。なかでも恵那山の麓に広がる東美濃の恵那市・中津川市は、古くから栗の栽培がさかんな地域でした。私たち恵那川上屋は、この緑豊かな土地で育まれ、厳選された素材を使って、栗菓子を中心とした和洋菓子をつくり続けています。

東美濃には、昔から伝わる栗菓子という食文化があり、質の良い栗が育つ肥沃な土壌があり、丹精込めて栗を栽培する農家のみなさんがいます。当社は、こうした地域の財産を伝えるべく、農業、加工、販売までをひとつのサプライチェーンとして組み立て、「六次化」と「農商工連携」を実践することで、「超特選恵那栗」という地域ブランドを構築してきました。

「六次化」とは、一次産業を担う農林漁業者が、自ら二次産業である「加工」や三次産業の「販売・サービス」を手掛け、生産物の付加価値を高めて農林漁業者の所得を向上する取り組みを指します。

一方「農商工連携」は、農林漁業者と商工業者等が通常の商取引関係を超えて協力し、お互いの強みを活かして売れる新商品・新サービスの開発、生産等を行い、需要の開拓を行うことを指します。

当社では子会社である農業法人が休耕地を活用して収穫量を向上させ、農園近くにある耕作放棄地を新植し、生産した超特選恵那栗を当社へ持ち込み加工する「六次化」を担っています。一方、当社では生産者が育て上げた超特選恵那栗を仕入れて商品開発・製造販売する「農商工連携」を実践してきました。

「六次化」と「農商工連携」を同時に行って感じることは、一次（生産）×二次（加工）×三次（販売）＝六次化だけでは、お客様に伝えていく価値があまりにも少ない、ということです。六次化は「生産者の販売体制ができた」というスタートラインに過ぎず、「それをどのように価値を付けてどこで販売するか」という大切な「資源価値」が付加できていないことが多いと思えて仕方がないのです。

ではどうしたら「資源価値」を付加できるのか？　詳細は本文に記しますが、「生産者が持つプラットフォームをお客様に伝える」ことにより付加できると思います。つまり六次化に「お客様に買っていただける価値やストーリー」をプラスして「七次化」とし、お客様へその価値を伝えるプロモーション戦略を立てることで、独自の差別化が可能となると考えます。「六次化」ではなくあえて「七次化」と言わせていただきたいのは、たった1を付け加えて七次化とすることで、お客様が「当たり前の価値」から「価値以上の価値」となり、認知や評価につながっていくからです。

当社は「栗を通じて六（七）次化と農商工連携を融合させ、生産者に還元し、その仕組みを他素材、他地域に展開する」というプラットフォームを持っています。お菓子屋でもなく栗農家でもない、独自のプラットフォームを「価値」として見出し、その資源を生かし育てていくことで差別化を実現してきました。

私は近年、これまで取り組んできた施策を踏まえ、経営理論化していきました。そこで、二〇一〇年に出版した『日本一の栗を育て上げた男の 奇跡のビジネス戦略』に、その後の動向や考察を加筆した本書を発刊することにしました。本書をお読みいただければ、私が菓子職人でありながら、なぜ農業を重視し、なぜ全国で地域素材開発事業を展開するようになったのか、段階的にひとつながりのストーリーになっていることが理解されるはずです。

ブランディングとは、唯一無二の価値あるものをつくる作業に他なりません。本書から、他でもない自分の心で「気づき・感じて」、自分の頭で「考えて」、自分の足で「行動する」ために何かをつかんでいただくことを願っています。そして、この世にまたとない地域や企業の商品開発、事業促進のストーリーづくりに役立てていただければうれしく思います。

なお、本書の発刊に当たり、京都在住の仲間達が応援してくださいました。名古屋にありました「ホテルアソシア名古屋ターミナル」の元支配人・柴田秋雄様が主催する「アソシア志友館」で出会った青木博一様や、倫理法人会の多くの皆様の全面的な協力があったからこそ、出版を実現することができました。柴田様をはじめ関係する方々、そして株式会社永末書店様には心から感謝申し上げます。

そして、今まで私と共に歩み、共につくり上げ、共に成長してきた恵那川上屋のスタッフ、そして私を支え、励まし、導いてくださった皆様に感謝し、これからも共に成長し続けていけたらうれしく思います。

二〇二一年八月吉日

株式会社恵那川上屋　代表取締役　鎌田真悟

栗が風を運んだ
菓子店と農家が創る地域ブランディング

目次

第1章

常識やぶりのマーケティング戦略
自ら追いつめられる状況をつくり奮闘

第2章

恵那山の麓から地域ブランドの構築と拡大

地域ブランドの根幹を創造する

第３章

農商工連携でふるさとの食文化を提供する

農業生産法人「恵那栗」

第4章

東美濃から全国へ地域素材のブランディング
つくりあげた仕組みを他地域で展開

第5章

事業承継の基礎
「達成・進化・継続」させる組織づくり

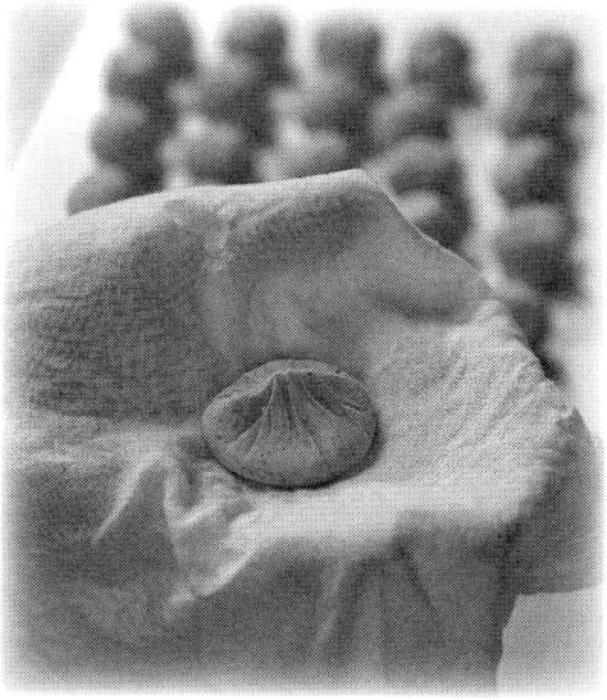

終章

サプライチェーンからバリューチェーンへ

語り継がれる経験法則

序章

栗菓子の里だけれど栗の里ではなかった

恵那栗事情、今昔

すべての成果を上げたプロジェクトのバックグラウンドには、経営者や管理職たちの思いが息づいているはずです。

そこには、ひとつの時代背景があり、地域の歴史や風土があり、人々が希求する商品や製品があります。その時点で、その場所で、リーダーたちが何に気づき、どう判断して行動をしたのか。今、この時代、ここでどんな風が吹いているのか、何が求められているのか、自分たちは何をすべきなのか。敏感につかみとったとき、事業は成功に結びつき、ヒット商品が生まれるといえるのではないかと思います。逆にいえば、歴史、時代、環境を無視して、需要の高い商品をつくることはできないのです。

まず恵那川上屋の発展をもたらした、恵那栗栽培をはじめた時代はどのような状況であったか。そこから述べていきます。

一九八〇年代、栗きんとんが特産品ブランドとして全国的に有名に

岐阜県の東美濃地方に位置する恵那市と中津川市は、南は愛知県、東は長野県に接しており、青々とした緑が美しい中山間地域です。

古くは美濃の国と呼ばれ、街道沿いの宿場町では、里山で自生する山栗を使ったお菓子や料理が旅人にふるまわれたといいます。中山道を旅人が往来したころから、恵那山の麓は、「栗菓子の里」として知られていたのです。

現在の恵那市と中津川市の東美濃地域で栗栽培が始まったのは、一九一五（大正四）年のことです。

西山地区の林輿八さんという農家の方が、近所の人たちと共同で栗づくりを始めたそうです。当時、栽培されていたのは笠原早生、大正早生という品種でした。

ところが、一九四九（昭和二四）年に岡山県で大発生したクリタマバチが北上し、翌年、大打撃を受けます。それまで育ててきた品種は全滅し、岐阜県だけでなく、日本中の栗産地は壊滅状態になってしまったのです。

それからクリタマバチに負けない品種や剪定の研究が進められ、東美濃地域での栗栽培は一九六〇（昭和三五）年に再開されます。数年後には、丹沢、筑波、伊吹といった品種が導入されて、栽培・出荷は復活したのです。

そのころ出荷した栗は、市場に出されたのち地元の菓子店が仕入れていました。

東美濃には、昔から「栗きんとん」をはじめとする栗菓子を製造・販売する菓子店が軒を連ねています。それらの菓子店でつくられる栗きんとんが、全国的に流通するようになったのは、一九七五（昭和五〇）年の中央自動車道・恵那山トンネル開通がひとつのきっかけでした。

時代は高度経済成長期。地方の銘菓は、首都圏や関西に短時間で搬送できるようになりました。そして一〇年ほどの間に、消費拡大と美食志向の到来をともなって、特産品ブランドとしての栗きんとんの知名度は上がっていったのです。

一九八〇年代のなかばになると、多くの菓子店はこぞって栗きんとんや栗菓子を東京や大阪の百貨店に出していました。

しかし、菓子店の活況は、逆に栗農家を苦しめることになりました。

栗きんとんが全国区になり販売量が増えるにしたがって、地元の栗だけでは需要をまかなうだけの量を確保できないため、品質が一定ではない他産地の栗を使うようになったからです。そのため東美濃地域の栗栽培の生産量は、しだいに縮小していったのです。

昔ながらの手づくり栗きんとんの風味が失われた

恵那川上屋は、一九六四（昭和三九）年に恵那市長島町で開業しました。

中津川市の老舗菓子店で修行した私の父、鎌田満がのれん分けのかたちで小さな店舗をもったのがはじまりでした。クリタマバチの被害で栗が全滅し、再び栽培が復興しつつあったころです。

恵那川上屋は、やはり栗菓子を製造・販売する和菓子店でしたが、一九七二（昭和四七）年に洋菓子の製造も開始。一九七八（昭和五三）年には、ブルボン川上屋という社名の会社組織に移行しました。

東美濃の栗きんとんが、各都市の百貨店でさかんに販売されるようになったのは、私が東京にいた一九八〇年代のことです。私はいずれブルボン川上屋の二代目を継ぐため、洋菓子店で修行をしていたのです。

あるとき私はたまたま出かけた都内の大手百貨店で、人がずらっと並んでいるのを目にしました。いったい何だろうと思ったら、中津川のある名店が販売している栗きんとんを買い求める人の列でした。

ああ、すごいな。栗きんとんは東美濃地域だけで食べられていたものだったのに、東京でもこんなに売れるようになったのか。私はとても懐かしく、また誇らしくもあり、思わず列に並んで買って食べてみました。

ところが、口にすると、何かが違うと感じました。

私が子どものころは、まだ地元の多くの家庭で栗きんとんを手づくりしていました。秋に友だちや近所の家に行くと、素朴で風味が良くてしっとりとした栗きんとんがよく出てきました。家によって、みんな味が微妙に違っていて、それもまた楽しみでした。

百貨店で買った栗きんとんは、「昔の味と違うな」というのが私の率直な感想でした。しかし、ブルボン川上屋は洋菓子に力を入れており、私もそのために東京で修行をしていました。ですから、栗きんとんの味に対する疑問は、ずっと頭の片隅に抱えたままだったのです。

私はその後、貯めたお金でヨーロッパに旅立ち、各地のお菓子を見てきました。そして再び東京の別の店で修行をして、三年後に恵那市に帰ってきました。

そのままブルボン川上屋に入社するという運びになるはずでしたが、ふと栗きんとんの疑問がよみがえってきました。そこで和菓子づくりの修行も兼ねて、中津川の著名な和菓子店でアルバイトすることにしたのです。

やがて秋になり、工場に毎日トラックで大量の栗が運び込まれてきました。そのとき私が感じた違和感の理由がわかったのでした。

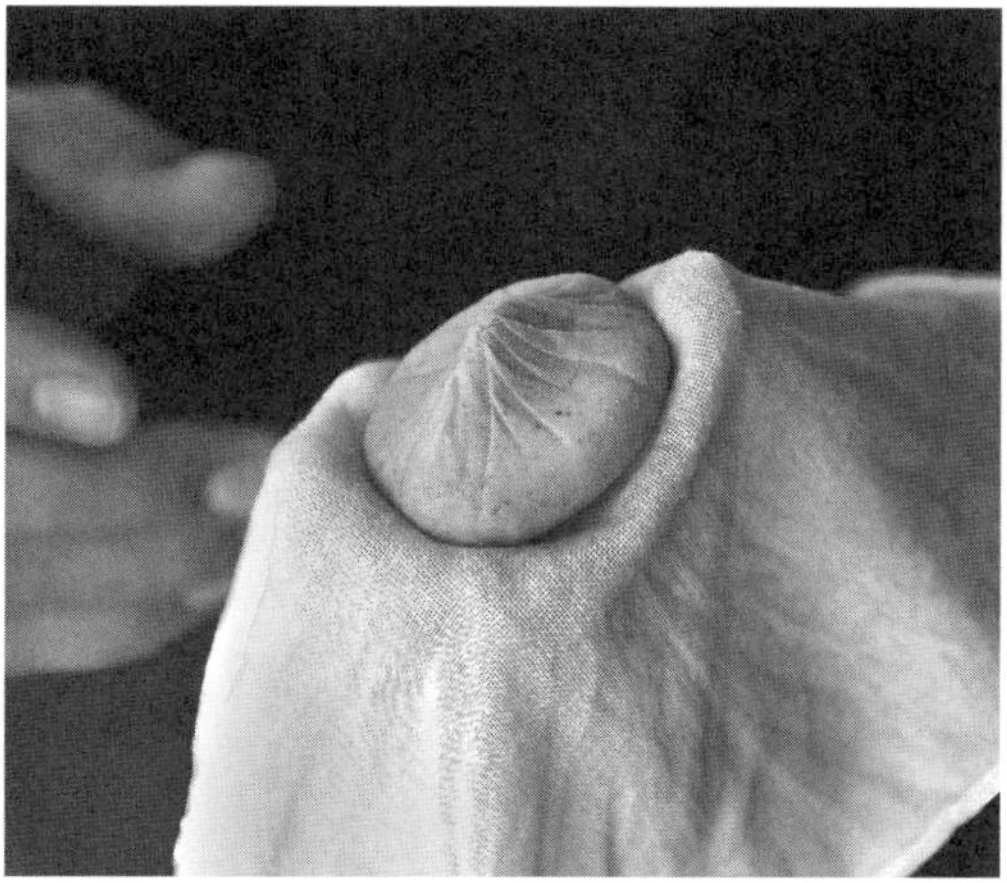

栗きんとん

地元の栗を使ってこその銘菓ではないのか？

市場から工場に運ばれてきた栗は、ほとんどが他産地の栗ばかり。先に述べたように、栗きんとんが有名になるつれ、地元の栗の供給が追いつかなくなりました。私が勤めていた和菓子店だけでなく、どこの業者も市場を通じて他産地の栗を大量に購入するようになっていたのです。

栗菓子を製造する業者にとって、市場での調達は、各社で必要な量だけ仕入れることができます。また価格面でもかなり有利です。

しかし、栗は鮮度が命。遠く九州や四国で収穫された栗は、工場に届くまでに数日を要します。栗きんとんの加工をするまでには日数がかかり、その間に鮮度が落ちて、栗の品質はますます低下します。

私が子どものころに食べた手づくりの栗きんとんは、その日の朝に収穫した栗を炊き上げつくっていました。鮮度が落ちた栗を工場の大釜で炊いた栗きんとんと、採れたての栗に砂糖だけを加えて家庭の手鍋で炊いた栗きんとんとでは、風味もおいしさも違っているのは当然だったのです。

私は気になり、ほかの和菓子店の製造工程も調べてみました。

すると、かなりの数の製造業者の工場では、他産地の栗を使っていました。バブル経済期に向かって、栗菓子を百貨店などに並べれば飛ぶように売れた時代です。手間をかけて製造している暇はありません。他産地の栗で間に合わせたいわけです。

一九八〇年代後半、東美濃地域の菓子業者は、市場に電話をして一トン、二トンというトン単位で他産地の栗を買うようになっていました。

そこに地元の個人の栗農家が、二〇キロ、三〇キロ直接搬入しても対応しきれません。工場では市場から山のように運ばれてきた他産地の栗の箱を開けて、どんどんラインに乗せていくだけです。かたや地元の栗農家は、目の前に菓子工場がありながら、市場に出荷するしかなかったのです。

では、他産地から数日かけて運ばれた栗はどんなものなんだろう？　私は勤めていた和菓子店で、栗きんとんをつくらせてもらいました。そうしたらどうも裏ごし作業がしにくいのです。なぜなんだろう？

これは現地で見てみないとわからないということで、私は休みをとって内緒で九州に行くことにしました。

九州のあちこちの産地を歩き回り、生産者の人たちと会いました。驚いたのは、農家の手に入る金額の少なさです。東美濃地域の菓子業者は、市場で値の高い早生（わせ）をキロ数千円で買っていたので、九州の農家の人たちもたくさんもらっているのだろうと思ったら、手にするのは数百円ほどだといいます。

栗を納品している農家の多くは、車も通わないところで自給自足に近い暮らしをしていました。栗は剪定も何もせず、落ちたものを拾って出荷しているだけです。また、農家は収穫物を軽トラックで運搬しますが、積荷が軽トラックいっぱいになってはじめてＪＡへ出荷していました。そのため、収穫からかなりの日数が経っていたのです。

そうして、はるばる九州から納入された栗は、腐っているものや、虫が出ているものもたくさんありました。そのため、栗きんとんの加工をしても、不良率が約一〇パーセント以上発生していたのです。

九州では、行政の人に頼んで、農協の施設も見せてもらいました。すると、そこには農家から運ばれた栗を臭化メチルで燻蒸して虫を殺す設備がありました。裏ごしがしづらかったのは、燻蒸の過程ででんぷんまでも固くなるためということもわかりました。

これではだめだ。地元の栗農家も、九州の農家も、そして栗きんとんをお届けするお客様も、喜ばない。私の気持ちのなかで、「地元の栗を使ってこその銘菓ではないか」という思いが強くなっていったのです。

いつの日か「栗の里へようこそ」と誇れるように

そのころ恵那市と中津川市の栗農家がつくった栗は、農協（現ＪＡ）などが一元集荷していました。それをいったん名古屋の市場に運搬し、仲買人が競って、そこでまた東美濃の菓子業者に売るという、手間と時間のかかるシステムになっていました。

せっかく地元で品質の良い栗をつくっても、菓子業者が工場で加工するまでに五日くらいかかることもあり、当然ながら鮮度は落ちてしまいました。

栗農家にとっていちばんつらかったのは、やはり手に入る金額が非常に少ないということです。

市場で競るといっても、値段は仲卸が決めていたようなもので、変動はほとんどありませんでした。たまたま他産地の収穫が少ないときには高く買ってもらえても、よそからたくさん入ってきて市場に余るとたちまち安くなりました。なかには、市場に出すだけでは採算が合わないので、菓子店に直接売ったり、生協と取引する栗農家もありました。

しかし、菓子店に朝納品すると、担当者のその日の気分で値段を決められるようなこともあったそうです。また生協への納品は、規格がグラム数で決められていて、その通り詰める作業が大変だったようです。「夜遅くまでかかって大量の栗を詰めても、売れ残ると返品されて悲しかった」という話も聞きました。

ただし、このときはまだ、栗の生育に適した土壌と気候に恵まれながらも、現在ほどは栽培に手をかけていなかったのも確かです。病気や虫も多発していましたし、選果の段階で水に浸けると、浮き上がってしまう虫食い穴のある栗も少なくなかったのです。

栗きんとんが全国区になる前は、少々質が悪くても小さくても、東美濃の菓子店が地元の栗を市場で買っていました。

ところが、流通の発達とともに栗菓子の販売量が増えるにしたがって、他産地の栗が大量に入ってきました。そのうえ、良い栗を育てても、品質が値段に反映されません。さらに、いくら市場に出しても、農家の実入りは少ない。

当時の栗農家の方々は、生産意欲がわかないまま栽培をしている状態でした。ついには、栗は岐阜県の指定特産品からもはずされてしまいました。

東美濃は、「栗菓子の里」だけれど「栗の里」ではなかったのです。

いつかは「栗の里」と誇れるようになれたら——。

それが私の夢となり目標となりました。そして中津川市の和菓子店を辞め、ブルボン川上屋に入社。恵那栗のブランド化に向けて踏み出したのです。

第１章

常識やぶりのマーケティング戦略

自ら追いつめられる状況をつくり奮闘

気の遠くなるような借金を背負う

地域ブランドの価値を創造していくためには、**連携基盤づくり、商品開発、販路開拓と**いった過程があります。

和洋菓子の加工・製造・販売業者である当社は、地元栗農家との契約に着手し、連携基盤を築いてきました。栗農家との契約栽培のプロセスについては、次の章で述べます。

それでは地元の栗を「地域ブランド」として発信していくためには、どのように販路を拓き、どのようなかたちでお客様のもとに届ければよいのか？

私たちは、商品開発と販路開拓において、試行錯誤を重ねてきました。

当社は、一九六四（昭和三九）年創業以来、恵那市を中心に支店を開設しています。私が東京での修行を終えて戻ってからは、計三店舗で和洋菓子を製造・販売していました。

当時は、店舗での販売ほか、大都市の百貨店などにも商品を卸しています。しかし、そのころ私のなかでは、「地元で売ることを第一に考えなくてはいけない」という思いが強くなっていました。「東美濃を栗の里にしたい、地元の良質の栗だけで自社の栗菓子を製造したい」という願いが大きく膨らんでいたのです。

地元の栗を使ってこその銘菓・栗きんとん。地元のみなさんに支持されてこその栗菓子です。地域の方々に愛され誇りに感じてもらい、自慢にできるお菓子でなければ、他地域の百貨店でいくら売れても意味がありません。

そのため、まずは地元での地盤強化をはかるため、一九九二（平成四）年、本店と本社工場を移転設立することにしたのです。

栗農家との取引を開始する二年前のことです。そのころ私は個別に栗農家を回り、契約出荷を依頼していましたが、連携の仕組みなどはまだできていません。ですが、販売の拠点を先につくってしまったのです。

これは父と私の夢でもありました。父は、恵那市の長島町で小さな和菓子店を開いてからずっと、「いつかは自社店舗と新しい工場を建てたい」と願ってきました。

長年の夢がかなない、名実ともに自分たちの恵那峡本店と本社と工場が完成したとき、私は体が震えました。

なぜなら、当社にとっては気の遠くなるような借金を背負ったからです。

そのとき私は二八歳です。ブルボン川上屋の社名だった当社の売上げは、約一億円程度でした。それにもかかわらず、農林漁業金融公庫（現・日本政策金融公庫）から四億円の借金をしたわけです。私が構想していた、栗農家との契約出荷のプランに基づいて借りることができたのです。

私は、財務のことも経営のことも知りませんでした。

しかし、「地元の農家の方々と助け合い、良質の栗をつくって栗菓子の食文化を広めていきたい」という目標は揺るぎのないものになっていました。若さがなせる業といえば、そうだったかもしれません。

とにかく本店と工場をつくったので、栗農家との高価格での全量買い取り契約は実現しなければならなくなりました。栗農家との高価格での全量買い取りがなぜ重要なのか、いきさつは次の章で詳しく述べますが、本社と工場の設立で、背水の陣を敷いてしまいました。

今にして思えば、そこまで追いつめられる状況になったことで、農家の方々に絶対に良い栗をつくってもらう決心がついたともいえます。

本店と工場は、地元の栗を加工し、商品として送り出す発信地となったのです。

高価格での栗全量買い取り

本店と工場の新設から数年は、私たちがいちばん苦労した時期でした。

やがて、栗農家の方々との全量買い取り契約が開始します。

地元の栗で栗菓子をつくり続けるためには、農家の方々に意欲を高めてもらわなくてはなりません。ですから、高価格での取引は必須でした。

当初は品質を向上させるための超特選栗部会はありませんし、厳密な栽培条件や出荷条件の規定もできていません。納入される栗には、加工に使えないものもいっぱい混じっています。膨大な借金を抱えながら、市場価格より高く、しかも全量納入するのは苦しいことでした。

しかし、農家の方々から安い価格で買っておきながら、「もっと品質を上げてください、努力してください」とはお願いできません。このころ当社は、正直いって火だるま状態でしたが、何とか耐えて頑張るしかありませんでした。

中小の企業の経営者が、苦しいときに考えるのは経費の削減です。たとえば下請業者の工賃を値切り、利益を確保しようとします。ですが、「自分たちが楽をするために、あなたちは泣いてくれ」というのは話が通りません。結局は信頼を失って、「あの会社のために一生懸命やろう」といってくれる業者はいなくなってしまうでしょう。

農家と契約栽培の取引でも、**良い商品をつくろうとしたら、いちばん最初に農家に儲けてもらう必要があります。**買取価格を安く抑えて、まずは自社が儲けようとしたら農家のやる気は出ませんし、結果的に良質の栗菓子の製造もかないません。農商工連携の鉄則は、「農家の生産物の価値や値段を上げ続けていくこと」といえます。自社だけが儲けて喜ぶのではなく、仕入れ先も一緒に喜べる仕組みが必要なのです。

そうやって頑張っているうちに、栽培方法が浸透し、農家の方々に「もっと良い栗をつくらなければいけない」という意識が高まってきました。そうすると当然、商品の品質も上がって、当社の栗菓子の販売量は伸びていきました。

地元のお客様をターゲットとした販売戦略への思い切った転換

では今度は「栗菓子の販売量をさらに上げて、好循環をつくるにはどうすればよいか」という話になります。

通常、業者はそういう場合、大々的に百貨店や通販業者に製品卸をして、一気に販路の拡大を狙うのでしょう。ですが、私は逆にここで大きな決断をしました。

首都圏にある百貨店に商品を卸していたのを、ほとんどやめることにしたのです。

理由のひとつは、恵那栗の生産量との兼ね合いです。百貨店で多く売るために、栗菓子の販売量を増やそうとしたら、栗の供給が追いつきません。地元の新鮮な栗を使わなければ、「看板に偽りあり」になってしまいます。

また、私の頭にはかねてより「地域の人に買ってもらわなければ地元の銘菓の意味がない」という思いがありました。そのため、無理をしてでも本店と工場を建てたわけです。したがって、「ここを栗菓子の発信地にしよう」と決め、百貨店から撤退したのです。

当社の栗菓子の販売は、百貨店で好成績を上げていました。それをこちらから断るのは、百貨店側にしてみれば信じられないことのようでした。

しかし、決断したことでかえって当社の方向性がはっきりしたのです。

首都圏の百貨店は、地方の業者にとって有効な販促の場です。しかし、要は「ただ商品を売る場所を借りているだけ」です。そこには物語もないし、お客様と当社との触れ合いもありません。

ある百貨店に様子を見に行って、「銘菓人気」の実態を目の当たりにすることになります。お客さんと販売員が「これは何？」「さあ？　最近できた栗のお菓子みたいですよ」というやりとりをしていたのです。

私は「あっ、これはだめだ」とあらためて痛感しました。東美濃の流通が発達し、好景気だからこそ百貨店では栗きんとんを並べていましたが、栗菓子の歴史を知らない販売員が売っているのです。

地元の農家を切り捨て、他産地の栗を使ってつくった栗きんとんを、都会で量販して何の意味があるのか？ 地元に栗があったからこそ、栗きんとんが生まれたのに、これでは栗菓子の文化がなくなってしまう。そんな危機感さえ、もたげてきました。

それならば、**地元の栗を使って、地元で加工して、地元で売ろう。私たちの栗菓子は、「単に数が売れればよい」というものではない。**

これを契機に舵を切って、当社の方針を固めたのです。

地域の自慢づくり

「首都圏の百貨店で売れているのにそこでの販売をやめるなんてもったいない」とは考えませんでした。

私たちは、もとより恵那栗を地域ブランドにすることを目指しています。

栗菓子が爆発的に全国で売れてブランドになっても、栗文化の伝承にはつながりません。一時的な栗菓子の人気が廃れたら、栗農家も当社もたちまち共倒れです。

当時の東美濃の菓子店の大半は、栗きんとんを高級銘菓として全国で販売することが主流になっていました。東美濃の菓子店だけでなく、地方の食品業者は往々にして大都市で売りさばこうとします。

当社は、そのようなやり方の真逆をいくことにしたのです。

地元のお客様に、新鮮な恵那栗でつくった栗菓子の味をわかってもらえれば、その人は必ず外に広げてくれるはずです。自信を持って、来客のおもてなしにお出ししたり、お土産にしたり贈答に使ってくださるでしょう。

外で発信するのではなく、あくまでも地元から外へと発信するのです。地元のお客様から情報が外に伝わり、それが広がっていくのが理想です。当社は、地元からの広報を販売促進の基本方針としたのです。

私がその方針のもと、最初に試みたのが、直営店での栗きんとん発送の予約でした。栗きんとんは、八月下旬に極早生の品種が収穫されたのち売り出しをします。この秋の栗きんとんを、夏の時期から予約をとったのです。

このときは三千円以上の栗きんとんを地方に送る場合、送料を無料にしました。当時は三千円の商品を八掛けで百貨店に卸すと、二割に当たる六百円が百貨店の利益になるわけですから、送料の五、六百円とほとんど同じです。

そのため、百貨店に卸すより「地元のお客様に卸す」ことにしたのです。五、六百円をどう活かすかと考えれば、「地元に卸す」ほうがずっと有益です。

隣の人に売れば、その人が隣の人に渡し、またその人が別の隣の人に伝えてくれます。すると、手から手へ、口コミで、おいしさが伝達されていきます。**五、六百円の送料のサービスは「伝えてくださってありがとうございます」の意味も含んでいるわけです。**夏の栗きんとん発送の予約は当たり、今では、地元のお客様だけで二、三千件の申し込みをいただいています。

百貨店での販売をやめ、販売主体を地元直営店に絞ることで、栗の生産量とのバランスもとりやすくなります。地元だけで売れれば、お客様の反応が直にわかるので、栗菓子の販売量を見ながら、栗の生産を適切に上げていけるわけです。

ターゲットの見極めは大切で、「これしかない」という固定観念にしばられていると、売れるものも売れません。「大量生産によって大都市で売れば儲かるだろう」といった考えで進めていれば、当社の市場の開拓は足元から崩れていき、卸しや下請けもすべてやめてしまったでしょう。

恵那川上屋の

マーケティング戦略①

顧客対象のシフト

首都圏ほか都市（名古屋・首都圏・京阪神など）
のお客様

↓

地元（東美濃）のお客様

＋

販売主体のシフト

百貨店および通信販売

↓

地元直営店

↓

地元のお客様をターゲットとした
素材重視の商品開発に転換

契約出荷開始から約二年後。当社は、こうして百貨店から撤退し、地元のお客様をターゲットとした販売戦略へとシフトしたのでした。

恵那駅で朝六時からチラシを配ってPRをする

栗農家の方々の努力によって恵那栗の品質向上がはかられ、当社は地元だけで売ると決めました。

決めたのはよいのですが、では、どうやって地元の方々に周知していくかが課題になりました。

なにしろ当社は四億円の借金がありましたし、そのうえ百貨店からも撤退しています。しかも、私はマーケティングのことも、宣伝の仕方も何も知りません。お金もない、方法もわからない。チラシをつくることくらいしか思いつきませんでした。

チラシをつくるにはどうすればよいだろう？　せっぱ詰って探したら、恵那市内にデザイン制作会社がありました。そこで私はいきなり訪ねて、

「チラシをつくりたいので協力してくれませんか。お金がなくて、売り方もわからないので、知っていることを教えてください」

初対面のデザイナーにそう言ったのです。

突然やって来て、「売り方、教えてください」と言うのだから驚いたのでしょう。「何しに来たんだ、こいつ？」という顔をされましたが、とにもかくにも安いお金でチラシを制作してくれました。

デザイナーの彼とは、その後長いつき合いになり、この会社は当社の広告を一手に担うことになります。ですが、それは後の話で、このときはどちらも小さな制作会社と菓子業者で、チラシづくりから地元に情報を発信していくことになったのです。

チラシでは、商品の紹介とともに農家と当社の思いを伝えることにしました。デザイナーとコピーライターと一緒に話し合いをしながら、「栗菓子の里」を「栗の里」へ、それが農家と当社の願いであることを謳ったのです。

チラシは街頭や駅で配りました。私たちは、毎朝、ＪＲ中央線恵那駅で六時くらいから乗客の方々に配っていました。

これは、けっこう宣伝効果がありました。

恵那駅から乗る人は、名古屋までの通勤客がたくさんいます。しかも車内で必ず座れるので、チラシを受け取った人は読んでくれます。さらに名古屋方面の乗客は増えていきますから、多数の乗客が電車の中でチラシを目にするわけです。

すると、そのうち恵那峡本店に名古屋ナンバーの車がよく来るようになりました。乗客が会社の同僚に、チラシを見せてくれたのかもしれません。

このとき駐車場に並ぶ名古屋ナンバーの車を見て、つくづく地元の人の力を思い知らされました。

やはり、地元の方々が広めてくれないと伝わりません。以前は、「隣の人が買ってくれないのに、都会で売ろうとしていたんだな」とも思いました。

私のなかで、「地域を大切にしよう」という思いはまた強くなりました。

地元の産物は地元で加工して、地元の人がどれだけ外に伝えてくれるかが勝負です。地元の人が「これ、うちの地元のすごくおいしいお菓子」と宣伝し、応援してくれないものが外で売れ続けるわけがありません。つまり、**私たちはお菓子というより、地域の自慢や誇りをつくっていこうとしているのだとわかったのです。そして風味や地域の食文化を発展させ、数十年前、栗きんとんをつくった人がいて、それが経済を支えたように、独自に「一〇〇年後には名物になっているもの」をつくっていくことが目標となりました。**

「地産地消」「他産地消」を踏まえた商品開発

「この栗絶対美味しいから使ってほしい」という農家の自信は、お客様に対し「絶対おいしいから買ってほしい」というプラスの連鎖が生まれます。

農業、加工、販売までをひとつの流れとしたとき、農業は農家のみなさんが品質向上に励んでくれていました。あとは加工、販売で、当社がどれだけ良い商品をつくり、ひとりでも多くのお客様に提供できるかにかかっています。

商品開発に関しては、毎月または隔月でチラシを出す日を決め、それに合わせて必ず新商品を載せることに決めました。

当社は栗きんとんをはじめとする和菓子だけでなく、洋菓子もつくっています。

地元で育てられた四季の新鮮な素材を使い、和洋菓子に仕上げるのは、都会ではどんな一流の菓子店にもできないことです。地域のお客様に向けて、そうした素材の持ち味を活かした旬の商品を開発し、チラシに打っていくことにしたのです。

ここで重要なのは、「地産地消」という意味をどうとらえるかです。

地元の産物を地元で消費するのが「地産地消」であり、当社もあくまで「地元で売る」

というのが基本方針です。

ただし、**地元の人は食べ慣れた地元のものを毎日食べたいわけではないのです。**今はテレビをつければ全国のおいしい食べ物が紹介されていますし、それをインターネットや電話で取り寄せることもできます。ですから、地産のものを「食べる」という意味で、「地消しよう」というのは違うのではないかと思うのです。

「それならば、地元の人には何を提供し、何を食べてもらうか」というと他産のものです。たとえば、お隣の長野県には、りんご、くるみ、柿、あんずといった、岐阜県ではあまりつくっていない産物があります。また、北海道から九州、沖縄まで素材探しに行くと、誠実な農法で育てられた良い産物に出会います。

そうした他産の旬の素材を使い、創作したお菓子はめずらしいので、地元のお客様に大変喜ばれます。

そして、栗きんとんなど地産の四季の栗菓子は、地元のお客様にお土産や贈答品として使っていただくのです。

栗きんとんは、もとは地元の家庭でつくられていた素朴なおやつでした。しかし、時代とともに手づくりする家庭も少なくなり、東美濃の菓子店で製造・販売されるようになりました。栗きんとんの加工は、鬼皮の除去や裏ごしなどを経て、一つひとつ手絞りで仕上

商品開発のための連携と融合

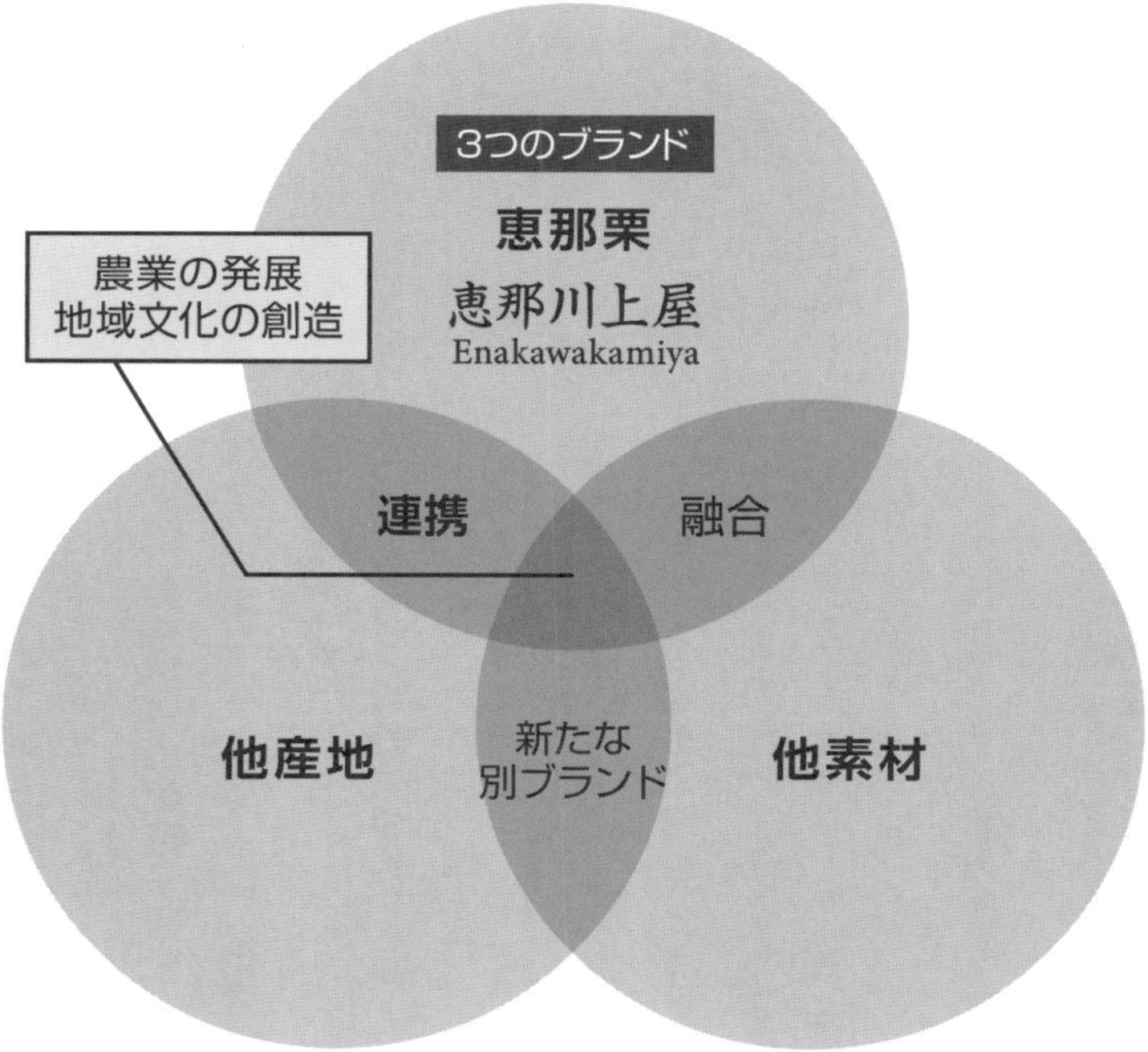

- 恵那栗 × 他素材 ＝ 融 合
- 恵那栗 × 他産地 ＝ 連 携
- 他産地 × 他素材 ＝ 新たな別ブランド

げます。それだけに商品となったときには、これぞ銘菓といえる、ある程度高価なお菓子となります。

したがって、**地元のお客様には、「地産」の恵那栗の栗菓子をギフトとして「地産地消」していただき、「他産」の素材を活用したお菓子を「食べて」「他産地消」していただく。**このような形が恵那川上屋にはベストだと思うのです。

もちろん、地元にも当社の栗きんとんのファンはたくさんいらっしゃいます。季節ごとの栗菓子を欠かさず買い求めてくださる固定客の方々は、四季折々の栗菓子が直営店に並ぶのを楽しみにしてくだっているのです。

ですから、チラシにはその季節の栗菓子を掲載し、商品の紹介だけでなく、恵那栗に対する思いや姿勢を言葉にして伝えています。そのほか、他産の素材を使った新しい商品の情報も必ず載せます。そうして一、二カ月に一回くらいチラシを出すたびに、どんどん商品開発をしていったわけです。するとチラシを見た地元の方々は、そのつど「あっ、こんなお菓子が出たんだ」と新しい発見があるのです。

とはいえ、最初のころは、チラシが出る日に合わせて新商品を考案するのは大変なんてものではありませんでした。

私は、他産の素材を探しに全国を駆け巡り、商品のアイデアを練り、職人と一緒に試作をして、目が回るような毎日でした。しかし、そうやって常に新しい商品を送り出していくなかで、恵那川上屋の職人たちは腕を磨いていき、人的資源となったのです。

農家の現場を歩かない限り素材の発見はない

素材を探すには、現場に行き、農家の方と話をしなくては何も見つかりません。

地元の産物で地域おこしをしようというときに、方法が間違っていると思うのは、「いろいろな数値を分析してそこから素材選びをしようとすること」です。

近年、全国各地の公共団体やＪＡ、農業生産法人、食品加工業者は、地域活性化をはかるため、一生懸命に地域ブランドづくりを模索しています。

そうした団体では、「地域の農業人口が何人で、どういう作物がどれだけ栽培されていて、集荷数はどれくらいか」といった調査をすることが多いようです。そして、集めた数字をもとに、会議で「ああでもない、こうでもない」と検討しています。

けれども、会議室を出て山に行けば、たとえば柿の木が群生していたりします。

かつて柿の木を植えた農家の方がいて、高齢になり手入れが滞ったまま放置されているのかもしれません。果樹が山でたわわに実をつけて、誰も収穫していないなんて状態は、日本全国どこでも見受けられるのです。

人目につかず眠っている資源は、現場で探さなければ見つからないのです。素材で地域おこしをするのであれば、発想を広げたほうがよいと思います。地元の産物を調べて売るのもよいですが、農業観光という手法もあります。

農家を訪ねて歩くと、庭にざくろやびわが植えられていたりします。たとえば、農家を行政の観光課などに登録して、観光で訪れた人に収穫体験をしてもらう。そして、農家で手づくりした果樹のお菓子をふるまったり、そのつくり方を伝授したりして交流する。このような方法で農業観光の振興もできるのです。

行政や公共団体の方々は、よく「うちはこれといった作物がなくてな」と言います。私は、そうした言葉を聞くたびに「いっぱいあるじゃないか」と思います。数字だけで見ようとしていて、農家の現場を知らなさ過ぎるのです。

これは企業でも、同じだと思います。従業員数百名、数千名の大企業は別として、たとえば中小企業の経営者や管理職の人でも、自分の足を運ばず、お客様の声を聞こうとしない人がたくさんいるはずです。

中小規模の事業であるにもかかわらず、現場を歩くことをしない。何をしているかというと、行政の関係者や取引先の接待。時間をつくってお客様と触れ合おうともしないで、

恵那川上屋の
マーケティング戦略②

商品開発の方針

- 地産の素材を使用した栗菓子

↓

地産地消

- 他産の素材を使用した和洋菓子

↓

他産地消

商品開発のための素材探し

必ず現場に行き、農家の人と話すことにより
市場に出荷されていない素材を発見

効果

「世界にひとつだけ」の商品、100 年後
の名物が生まれ、固定客拡大

従業員や業者の仕事の推移や全体を見ようともせず、高みから指示だけはするわけです。しかし、**現場を知らないのだから、必然的に指示は的外れなものになります。**結局、商品は売れず、現場に苦労を強いるだけで、良い人材も業者も失ってしまうのです。

私は、商品開発のためにあちこちに行きますが、必ず農地を歩きます。農家の方々に声をかけて、話を聞いて、ときには家の中に上がり込んでしまいます。立場上、行政の方々とのつき合いも欠かせませんが、私にとっていちばん大事なのは汗を流して栽培してくれる農家のみなさんであり、素材が実る現場です。

地域ブランドの開発やマーケティングの研究者、コンサルティングの専門家の方々から、ときどき「商品開発のポイントは何ですか？」と質問されます。しかし、「農地を歩き回ること、商品価値を高める努力をすること」としか答えようがありません。

どんなお菓子を提供すれば、地元のお客様に喜んでいただけるのだろうか？　それだけを頭に置いて、アンテナを張って、各地の農家の方と話をしていくと、素材がぽっと目に入ってきます。そして、「これだ」という素材が見つかったら、新商品のアイデアがおのずと浮かんできます。

すると、「世界にひとつだけ」がたくさんできてくるのです。

世界のどこにもないオリジナルのお菓子、または日本のどこにもないその地域だけのブランドは、現場の人と人、人と自然との出会いからしか生まれません。机の上や、会議、宴席のなかからは何も見えてこないのです。

価値観を共有してくれる相手だけと取引をする

不況とデフレが長引き、ここ数年は百貨店も苦戦しているようです。

私は、百貨店の批判ばかりしているみたいですが、期待の裏返しでもあります。

百貨店は、全国の価値ある商品を見出し、お客様から支持されるものを並べて売る一大スペースです。その構成力はやはりすごいと思わざるを得ません。

しかし、地方の業者にとっては、百貨店の掛率で卸すということは、あまりにも高い場所代です。

それに何よりも、商品にかける地域の生産者や業者の思いを伝えることは、百貨店では難しいのです。もちろん伝えるのは当社の仕事なのですが、商品を卸すにあたって、少なくとも私たちの価値観だけは知っていただきたいと思っています。**どれだけ栗農家の方々が苦労して品質を向上させてきたか、東美濃の食文化とはいかなるものか、理解したうえで商品を並べてほしいのです。**

私は当社のお菓子を口にしていただくお客様には、でき得る限り超特選恵那栗のすばらしさを伝えていきたい。そのためには商品を置く売場の方の理解がなくてはならないのです。

ですから、百貨店からは撤退しましたが、私たちの考えをわかってくださるところとは取引をしています。

ひとつは岐阜高島屋さん。そしてもうひとつは百貨店ではありませんが、名古屋駅に隣接しているホテルアソシア名古屋ターミナル（現在は閉館）さんでした。面白いことに、価値観を共有してくださっているこの二店は、売上げが好調でした。ほかにも大手菓子業者がたくさん入っているのにもかかわらず、当社はなぜかトップクラスだったのです。

そして、不定期で催事に製品を卸しているのが東京・渋谷の東急百貨店です。東急百貨店とは、ひょんなことから縁ができました。一九六〇年代に大分県・大山町で「梅栗植えてハワイに行こう！」というキャッチフレーズのもと、革新的な町おこしをした大山町農協の前組合長八幡欣治さんを介して、東急の会長にお会いすることができたのです。

実は、百貨店から撤退するときに、私はＮＨＫの取材で宣言をしています。全国ネットの放送で「うちはもう百貨店には出しません」と言って、百貨店業界ではちょっとした騒ぎになったのです。

会長とお会いしたとき同席された食品部の部長は、そのときのことを覚えておられました。私は、会長に「バイヤーの方たちには、ここは有名だから、老舗だからという理由で当社の菓子を扱ってほしくないのです」と訴えました。そして、部長に「当社の商品を売らせていただけるなら、まず栗畑を見に来てください」とお願いしました。

するとと驚いたことに、東急の方々が五人、本当に来てくれたのです。

私がさらに感動したのは、そのとき部長が私に言った言葉です。

「あなたさ、お父さんのこと、どう思っている?」

父はこのときすでに会長に退き、私が社長に就任しています。

「どうって、ぼくは父のことが大好きですよ」

「良かった。安心した。中には肉親が争っているところもあり、上層部が乱れるとお客様にそれが伝わりますからね」

部長はほっとしたような笑顔でそう言いました。

確かに百貨店に出店しているような業者では、親子や従業員同士で分裂して、やれ本家だの元祖だのと揉めていたりします。私は、わざわざ来て農家の人たちと会ってくれたのも嬉しかったですが、父との関係まで考えてくれていることに感激しました。このことから、信頼して当社のお菓子をお預けできると思ったのです。

それで渋谷の東急東横店の春の催事に出品することが決まり、いざ出してみたら、びっくりするような結果があらわれました。まったく売れなかった二〇年前とは真逆で、多い日で、一日五〇万円から七〇万円の売上げとなったのです。

百貨店のみんながみんな、売上げ至上主義ではありません。業者の理念や思いをくんで、地域の文化を共に売ろうとしてくださる百貨店もあります。それができるかどうかは、私たちにとって絶対に譲れない点なのです。

地域素材のマーケティングはサプライチェーンで捉える

地域の素材を商品化した後には、販売力の強化が必要です。といっても、大手の流通業者に依存しない、自分たちのやり方を見つけていかなければなりません。

当社は、地元を販売拠点とし、あとは恵那栗のすばらしさをわかってくれる相手だけと取引するスタイルを貫いてきました。

全国には、地域の良い素材を使った良い商品があるのに売れないと悩んでいる業者や団体もけっこう多いのではないかと思います。たとえば、生産者、行政団体、加工業者がからんで、地域ブランドを創出するプロジェクトを立ち上げたとします。ところが、商品化するところまではできても売れ行きが芳しくない。

そのとき、生産者、行政、業者がたがいに責任を押し付け合って、自分ができる努力をしようとしない、なんて例は山ほどあるのではないでしょうか。

何度もいいますが、農業、加工、販売までをひとつにつなげるのは複雑で面倒な作業です。販売方法、流通経路の確定も、試行錯誤の連続になります。

そうだとしたら、**自分が住んでいる町や村をどうすれば良くできるか、楽しくなるかという、原点に立ち返るべきでしょう。**

地域のみんなが幸せになるにはどうしたらよいか？　事業に関わる一人ひとりが考え、じっくり地元から地盤を固めていくことです。足元があやふやなままでは利益を出し続けることはできませんし、ひとたび不景気になったらあっという間に倒れてしまいます。

そもそも地域ブランドのマーケティング戦略は、販売だけで考えようとするとうまくいきにくいと思います。

素材が商品となり、お客様の手に届くまで、ひとつのサプライチェーンとして考えないとだめなのです。もし地域ブランドが売れないとしたら、しっかりしたコンセプトをもって、農家から加工業者、お客様までをつなげる戦略を立てていないからかもしれません。

良い素材でつくった良い商品があるなら、なぜその商品が良いものなのか、どうやってつくられているのかお客様に理解してもらうのです。反対に、農家の方々にもどんなお客様が買っているのか、あるいは商品の評判や反響もきちんとフィードバックするのです。すなわち地域ブランドのマーケティングは、土づくりから始まって土づくりへと返っていき、循環しているのです。

そしてもうひとつ、**マーケティングを進めるうえでは、農業から販売までをつなげるコンセプトをわかりやすく言葉とビジュアルで表すのも重要です。**

当社の場合、最初にチラシづくりをしてくれたデザイン制作会社が、私たちの考えを組み立てて表現してくれています。

これは、これから地域ブランドの構築をしようとしている方たちにぜひアドバイスとしていわせていただきたいのですが、**地元の産物を宣伝するときは、地域のデザイナーやコピーライターに任せるべきです。**

地域の産物を売り出すときに、東京の有名なアートディレクターに依頼するといった発想になりがちですが、あまり意味があるとは思えません。それより地域のことをわかっていて、地元に愛着のある人に頼んだほうがよいのです。

たとえば地域ブランドで成功しているポン酢で有名な馬路村のＪＡも、地元のデザイナーが広告を担っています。地域にデザイン制作会社がなければ、東京や近在の都市に地元出身のデザイナーがいるかもしれません。

いずれにせよ、地元のデザイナー、コピーライターと組んで、商品化した地域ブランドの物語をつくっていくことです。彼らと一緒に切磋琢磨して、地域への思いを言葉とビジュアルにつくり上げていくのです。

チラシづくりから始まって、デザイン制作会社のスタッフと私はほとんどケンカみたいなディスカッションを重ねながら、おたがいに成長してきた実感があります。

地元で配るチラシから、商品の説明書、会社案内や各種冊子まで、どれもみごとに当社の理念が映し出されています。それは彼らも、土づくりから始めるマーケティングを理解し、地元への愛情をいっぱいこめてつくってくれているからでしょう。

小さく入って大きく育てていくためには、「地域ブランドの構築をして、ＰＲだけ東京の人にお願いしよう」というのは違うと思います。販売戦略を後押しする宣伝までも、地元に発注する。それが本当の意味の地域まるごとブランディングなのではないでしょうか。

地域ブランドに限らず、**ひとつの商品を世に送り出すときは、その事業に関わるすべての人が幸せになることを考えるべきです。**安易に他社の成功した手法を取り入れても、「売れる商品」は誕生しません。お客様、製造する人、宣伝をする人、販売をする人、みんなをつなげて、みんなが喜ぶ仕組みをつくらなくてはならないのです。

自分の成長と組織の深化

私たちはすでに東美濃の食文化として存在した栗きんとんに乗っかるだけではなく、新たに自分たちで東美濃の「一〇〇年後の名物」を育て上げるのが我々の使命であり、さらには農業として成り立つ栗栽培を実現していくことを目標としました。これらのことを市民に向けて認知していただけるようにプロモーション戦略を立ててきました。

また、この頃から「経営」という観点でものを見ることができるように訓練してきました。その中で生産者とお客様をつなぎ合わせる元を自分自身が見つけ出し、決めて掘り下げ行動することが重要であると気付きました。

会社を深化させることを決意し、やるべきことや悩みを書き出してみると、次ページのような構造であると認識しました。その中でも理念や使命感、自ら奮い立たせるモチベーション、夢など、社会のためになることに繋がる要素を常に意識してきました。

自分の成長と組織の深化

経営者として会社を統制するために必要な意思決定

第1章のポイント

- 地元のお客様が「地域自慢できる」商品と「食べ慣れていない」商品を開発
- 現場を歩いて素材を探し、アンテナを張って農家の方と話す
- 農業から販売までの一連の流れを意識したマーケティングを展開

第2章

恵那山の麓から
地域ブランドの構築と拡大

地域ブランドの根幹を創造する

風呂場での出会いから一二軒の栗農家との契約栽培がスタートした

地元の栗を使うという目標を掲げて動いたものの、栗農家の方々の反応ははかばかしくありませんでした。

そうこうしているうちに数年が経ち、大きな転機がやってきました。私たち業者と生産者の橋渡しをしてくれる、栗農家の方があらわれたのです。

ブルボン川上屋社長（現・恵那川上屋会長）である私の父は、現在の中津川市の坂下町の出身です。あるとき参加した小学校の同級会で、お風呂に入っているときに、かつての同級生で坂下町の栗農家、林悟さんと世間話から栗の話になりました。

林さんは、近所の農家と一緒に栗を農協に出荷していました。しかし、他産地の栗と同じ価格で取引され、収入が安定せず困っていたところでした。

林さんたち坂下町の農家は、「栗菓子の里」の栗農家でありながら、収量が多いときには、市場に余ると安く買い叩かれていたそうです。お風呂に浸かりながら、林さんは「そのうちみんな栗はやめてしまうぞ」という苦しい実情を父に語り、

「あんたの会社でうちの栗を使わんか？」

という話になったのです。

そうして林さんたち坂下町の農家の方々と直接取引をするようになったのですが、最初は市場の価格とさほど変わらない値で、必要な分だけ納めてもらっていました。

しかし、それでは地元の栗農家を活気づける抜本的な打開策にはなりません。

私は「これはチャンスだ」と思い、父に言いました。

「その値段じゃ、農家の意欲がわかないよ。もっと高く仕入れよう」

東美濃地域の菓子業者のなかで、当社だけが地元の栗を相場の一・五倍から二倍の値で買い取るのは非常に勇気のいることでした。栗菓子を製造・販売する菓子業者の間では、市場で低価格の他産地の栗を仕入れるルールのようなものができていましたし、どの業者でも原価は低いほうがよいに決まっています。

ですが、父は私の提案を受け入れて大きな決断をしたのでした。

一九九四（平成六）年、恵那郡坂下町（現・中津川市）栗団地内の栗農家との契約出荷がスタートしました。年間一〇トン、選果された栗を全量当社が買い取る約束です。

当社では、全量納入を確約するかわりに「質の良い栗を育ててください」とお願いしました。そうすると「良いものをつくりたい」という思いから生産者が主体的に栽培や出荷条件を厳しく設けていきました。栗の木は植えてから結実までに五年かかるため、今ある樹木の栽培と選果の基準を生産者自らが厳密に設定したわけです。

坂下町の農家では、条件の共有に反対の声もあがったそうです。

しかし、林さんがリーダーとなって栗農家とブルボン川上屋との間に立ち、みんなをまとめてくれました。また、当社も農家の方々との話し合いで、

「良い栗をつくりましょう。みなさんと一緒に泥んこになって頑張りたい」

という言葉を伝えました。

今でも、このときの父の言葉で「決心した」と言ってくださる農家の方がおられますが、私も父も必死でした。**「栗をつくって納品してください」だけでは、農家の方々の心に響かなかったと思います。土づくりから、泥まみれになって関わる覚悟でした。**

こうして契約農家を募り、条件に賛同してくれた坂下地区の一二件の栗農家と私たちの新たな取り組みが始まったのです。

品質向上なくして他産地との差別化はできない

私が東京から恵那に戻り、約一〇年が経過して、ようやく栗を高価格で買い取る仕組みが整いました。そもそもは私が東京で食べた栗きんとんの味が「昔と違う」と感じたこと

恵那川上屋の

地域ブランド構築 ポイント①

現状

- ●地元の銘菓・栗菓子の需要増大
- ●他産地の栗を使う菓子業者が増える
- ●地元の栗の栽培が縮小傾向に
- ●東美濃の栗生産が衰退することへの危機感

↓

ビジョン

「栗菓子の里」から「栗の里」へ

↓

地域資源の掘り起こし

栗菓子の原料となる東美濃（恵那市・中津川市）の
栗栽培の再興

に端を発して、契約栽培にまで漕ぎつけることができたのです。

当初から、私の頭にあったのは東美濃の栗のブランド化です。

私は東京での修行から戻って、ほとんどの菓子店が他産地の栗を使っていることに愕然としました。これでは地元の栗農家は衰退する。そうなったら、いつかはこの地域固有の付加価値の高い銘菓はつくれなくなる日がやってくるのではないか。そう思いました。

だからこそ、**東美濃の栗農家が存続しているうちに栽培を復興させ、農家の方々が潤うシステムの構築が不可欠だったのです。**

では、地元栗農家の所得増加をはかるにはどうすればよいのか。

まず品質の向上です。他産地の栗と同じ品質の栗をつくっていたのでは、ブランドとしての差別化は不可能です。旬の季節に朝採れた良質の地元の栗を、鮮度を保ったまま迅速に加工する。それが実現できてこそ当社の栗菓子は本物の東美濃の銘菓となり、栗農家に安定した収入を継続して約束することができるのです。

坂下町の一二件の栗農家と私たちは、さっそく品質向上に取り組みました。

この過程で「この人がいなかったら栗の再生はなし得なかった」という方がいます。

栗博士、栗名人の異名をとる故 塚本 實《みのる》先生です。

塚本先生は、中津川の生産者であるとともに、長年にわたり栗栽培の研究に従事してこ

恵那川上屋の

地域ブランド構築 ポイント②

地域ブランドの設定

東美濃（恵那市・中津川市）で生産される「恵那栗」

↓

ブランド構築の目的

- 栗農家の収入安定および生産意欲の向上
- 栗の収穫量拡大
- 地域の食文化の継承

↓

連携の推進

- 恵那川上屋（商工業者）から栗農家（農林水産業者）へのアプローチ
- 栗農家から恵那川上屋への契約出荷打診

↓

実行

恵那川上屋と地元栗農家の連携がスタート

られました。

約四〇年前、日本中の栗がクリタマバチの被害を受けたとき、先生が生き残った品種を交配してつくった「東濃三号」は、一九七〇年（昭和四五年）に岐阜県の品種となっています。

県農業試験場勤務のころから六〇年間、栗の品種、育成、栽培法などに携わってきた、栗の生き字引のような人だったのです。

坂下町の栗農家では、以前から塚本先生とのつき合いがありました。戦後、果樹や野菜をつくっていたのですが、採算が合わず、先生の勧めで栗を栽培するようになりました。その坂下町の栗部会の方々が、契約出荷に参加してくれたわけです。

ある日、坂下町の栗農家の集会があり、参加していた私の父と林さんが風呂に入っていたら塚本先生と一緒になりました。このとき先生に協力をお願いし、品質向上のための指導をしていただくことになったのです。

奇しくも林さんと父の再会も、塚本先生との交流も、お風呂から始まりました。

裸のつき合いから地域ブランドづくりの連携事業が軌道に乗り出すというのは、都会ではあり得ない、地方ならでのエピソードといえるのではないでしょうか。

「超低樹高栽培」を導入

日本中の農産地では、生産者の高齢化が悩みになっていると思います。恵那市、中津川市の栗農家も、それは例外ではありませんでした。

東美濃の栗栽培が縮小傾向にあった理由は、栗菓子の需要増大にともなって、他産地の栗が市場に大量に入ってきただけではありません。

手入れの大変さ、そして生産者の高齢化が進んだことも、収穫の減少に拍車をかけていたのです。

品質の良い栗を育てるためには、樹木の管理が欠かせないのですが、坂下町でもそれまでは剪定などにあまり手をかけていませんでした。

剪定をせずに放置した栗の木は、高さも幅も八メートル以上になります。それでは高齢者は手入れが難儀なうえ、日照が隅々まで届かず、よけいに良い栗が育ちにくくなります。そうすると品質が低下し、粒が小さくなり、病害虫への抵抗力も弱くなって、さらに収穫量が減るという悪循環が起きてしまうのです。

そこで坂下町の農家が取り入れたのが、塚本先生が開発した「超低樹高栽培」でした。

これは塚本先生が約三〇年かけて知恵と経験と技術を注ぎ込み、編み出した画期的な整枝・剪定法です。

超低樹高栽培では、主要な幹をあえて取り除き、枝が横に広がるように育てます。これにより樹齢一四年目までは低樹高栽培で三・五メートルの高さを保ち、一五年目以降は超低樹高栽培によって樹高を二・五メートルに保つことができるのです。

栗の枝の剪定は、品質を左右する重要な作業です。

樹高が低くなれば、高齢者や女性の生産者も、格段に手入れがしやすくなります。また、枝が横に広がることで日当たりが良くなり、樹木が健康に育ちます。この剪定方法を導入することで、品質の向上と収穫量の増加が可能になるのです。

ただし、樹高が低くなり手が届きやすくはなっても、継続して良い栗をつくるためには、土づくりから手間をかけなくてはなりません。

坂下町の栗農家の方々も、はじめは半信半疑だったのでしょう。時間と労力をかけて、それに見合った実入りが得られるのだろうか？　そんな不安もあったようですが、現状を打破するため、超低樹高栽培に取り組んでくれました。そして塚本先生の指導のもと、土づくりから始めて新たに定植していきました。後にＪＡや県の試験場もこの取り組みに加わり、共有する形となりました。

栗博士　塚本 實 氏

超低樹高栽培の栗の木

こうして超低樹高栽培を取り入れ、しっかりと管理されて育った品質の高い栗を、私たちは超特選栗として格付けしています。

超特選栗を当社が全量買い取る仕組みが確立するにつれ、契約農家も東美濃地域内で徐々に増えていきました。納入先や価格が保証されたことで、栗農家にとっても大きな励みになったようです。

今でこそ契約栽培は全国各地で行われていますが、生産者と加工業者が栽培過程から提携するのは初めての試みです。栗は岐阜県の指定特産品からはずされるまでに衰退しつつありましたが、全国初の契約栽培ということで、再び指定品種に戻りました。

やがて東美濃の生産者は、徐々に栗づくりに対する意欲を取り戻していったのです。

地域ブランドの成長に不可欠な指導者の存在

ところで「桃栗三年柿八年」という言葉をご存じでしょうか。

これは「何ごとも成果をあげるには時間がかかる」という意味の諺です。この諺通り、確かに栗の実は苗から三年の幼木の時期に結実します。ただし、おいしくなるのは四年目以降といわれ、まさに成果をあげるのに時間のかかる農作物といえます。

超低樹高栽培　樹齢別の整枝・剪定方法

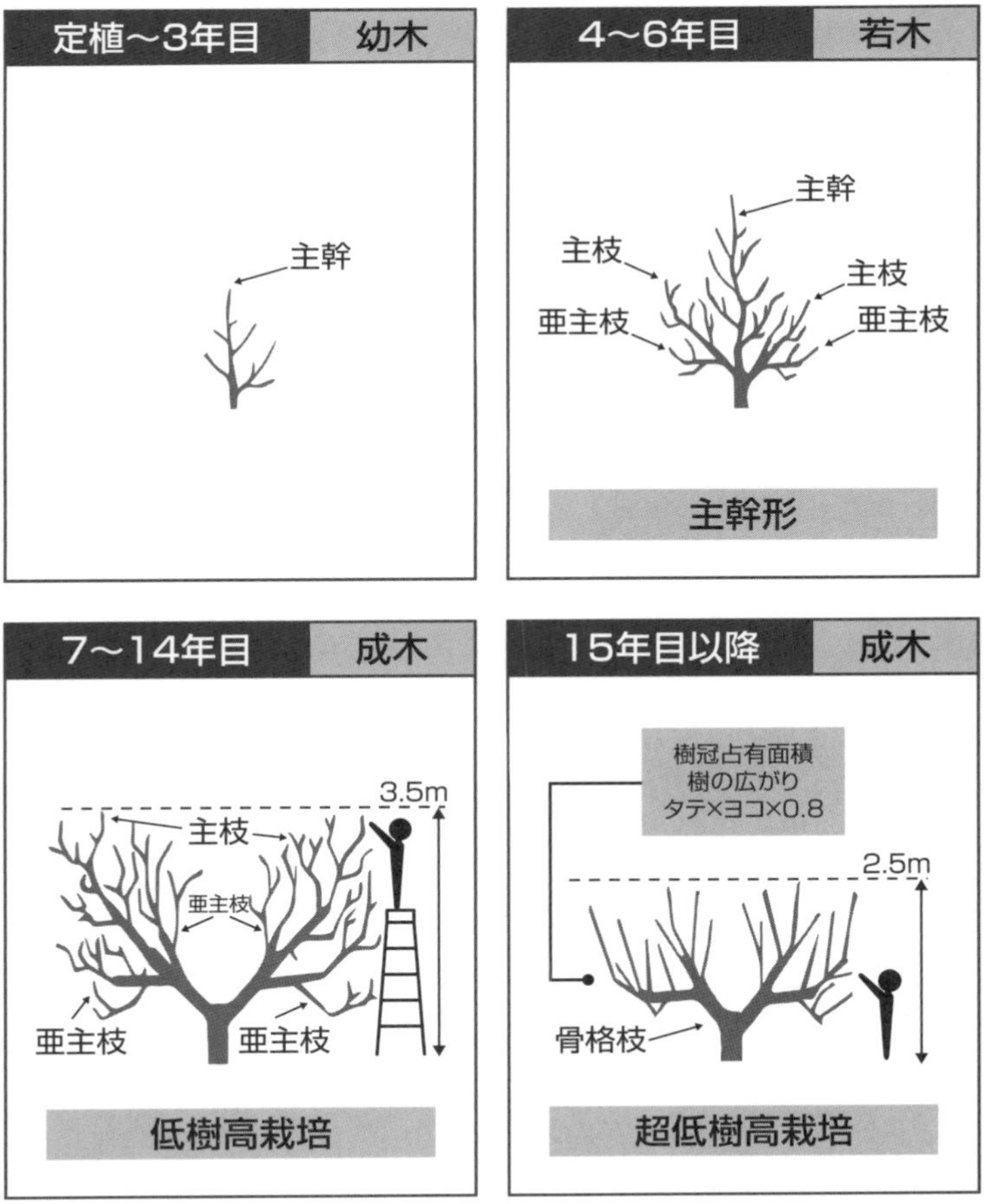

さらに一年の成長には、日照や雨量が大きく関わってきます。開花して雄花が出る時期には暖かく、イガが膨らむころはほどほどの降雨が望まれます。そして梅雨にはたくさん雨が降って、真夏の土用には適度な日照があり、朝は涼しく、昼は暑くというのが理想です。やがて実が落ちる時期には、台風の通過がないというのも、良い栗が採れるための大事な条件なのです。

栗はこのように、その年の天候によって収量が左右されるので、環境変化による収量の減少や品質の低下をできるだけ食い止める作業が求められます。

塚本先生は、年間の手入れも契約農家の方々に丁寧に指導してくださいました。「桃栗三年」ではなく、実がなってからもう一年かけて、本当においしくなってから収穫するのは先生の教えによるものです。また若木になるまでの管理しだいで木の性質や寿命が決まるため、四季を通しての手入れ法も丹念に伝授してくれました。

地域ブランドは、その農産物が珍しいだけでは構築できません。高い品質を保持し向上させるためには、すぐれた指導者の存在が必要です。そういう意味では、契約農家と当社の連携が開始したころ、塚本先生が協力してくださったからこそ私たちは前進できたのです。

先生は、岐阜県の農業試験場勤務を経た後、農協の果樹専門の技術顧問、栗振興協議会

剪定前

剪定後

の顧問を兼任されており、もともと地域の栗づくりの中心的存在でした。

契約農家の数が増えていくなかで、先生は、各農家に技術的なアドバイスをしていましたが、なかには自己流でやってしまう生産者もいました。

一方、先生の指導を忠実に実行する生産者もいました。先生は中津川地区の出身なので、いわば門下生みたいな中津川の栗農家の方々が、途中から当社との契約栽培に参加してくれたのです。

農産物は収量が毎年同じということはあり得ませんから、今年は一〇トン採れても、翌年は五トンというのは当たり前です。ところが、中津川地区では、今年が一〇トンなら、翌年も一〇トンと安定していました。

なぜなのか？　ほかの地区の農家が視察してみたら、中津川では剪定法や施肥の方法が、先生の指導通りに標準化されていることがわかりました。そうすると、年ごとの収量が安定するということがはっきり示されたのです。

そのうち、ほかの地区も中津川を見習うようになりました。そうして、東美濃全域で契約農家の栽培法は均質化され、品質も収量も伸びていったのです。

塚本先生は、農家の方々の精神的支柱にもなってくれました。

栗博士、栗名人といわれる先生が言うことを守れば、必ず良い栗ができる。それは、健

塚本先生の「農家に対するメッセージ」

- 栗きんとんに合う栗をつくる
- 一反 300 kg を超す栗栽培
- 農業は人の育成と継承だ
- 地域の宝を磨き上げる
- お客様に向いた農業が実現できる
- 剪定は芸術、そこから磨かれるのが感性
- 生産者は営業マンだ
- 人の表裏は収量の表裏につながる
- 素直でまじめが一番

康な木が育つのを目の当たりにして、生産者の確信につながりました。

先生は「栗を見ていれば幸せ」というほど、栗に愛情をかけ、栽培に心血を注いできた方です。先生のような熱意のある指導者がいればこそ、そして苦労に見合う成果があらわれたからこそ、農家の方たちは張り合いを見出すことができたのです。

栗農家の人たちが自主的に始めた厳しい選果

塚本先生の指導と農家の努力によって、品質は着実に向上していきました。

ただし、農業、栗菓子の加工、販売までをひとつの流れとしたときに、出荷前には選果が重要です。当社が高価格で全量買い取り、高品質の栗菓子をつくるためには、良い栗を搬入してもらわなければならないからです。

しかし、最初の一、二年は、納入してもらった栗の一〇〜二〇パーセントは加工に使えませんでした。食品加工生産には歩留まり率（原材料の分量に対する完成品の比率）があります。我々は加工の際、六〇パーセントの歩留まりを目標に生産するのですが、納入された栗の二〇パーセントが使えないということは、歩留まり率は五〇パーセントを切ってしまうわけです。

あるとき、私は農家に行って、「歩留まりをもうちょっと上げたいんだ」と口にしたことがあります。そうしたら、農家の方が、はっとしたように、

「自分らは今まで、栗のお菓子がお客さんに届くまでにどういう工程があるのかも知らないで出荷していた」

と言うのです。「お客さんの顔を想像もしないまま出荷して、いくら入ってくるかしか考えなかった」と言う人もいました。そこで私は言いました。

「もっと品質が上がれば、私たちも買い値を上げます。良い栗をつくれば、もっともっと値段は高くなるんです。日本一の栗にしましょうよ」

それで農家の方たちがどうしたかというと、これまでよりさらに熱心に塚本先生に指導を乞うて、いろいろな技術を学び始めました。それだけでなく、**出荷をする前に、自分たちで選別するようにもなったのです。**

当社では、納入した栗を工場で加工する前に選り分けています。全量を買い取る契約ですから、全部入れて選別したうえで加工します。

そのとき、不良果や病害虫に侵された栗は、農家に返していました。捨てるのはもったいないですし、良いたい肥になるので、使えない栗を土に帰してもらっていたのです。

農家の方々は、自分たちが売った栗のなかに、加工できない栗がたくさん混じっている

ということをおそらく感じ取ったのでしょう。

ですから、収穫後、出荷前に各自が選別し、さらにほかの人が一つひとつ再点検するという面倒な作業を自主的にはじめたのです。

栗の選果は、収穫したのちすぐに水に浸けて実入りのチェックをします。このとき虫食い穴のある栗などは、浮き上がってきます。底にしっかり沈んだものだけをすくい、次に一個ずつ目で確かめて最終選別にかけます。

そのとき、私は専務取締役に就いていたのですが、農家の奥さんたちが「専務も一緒に選別してよ」と言ってくれたことに大変驚きました。納品先の責任者に「見に来てくれ」と言うのです。

通常、品物を納める先の人間に「見に来てくれ」とは言わないと思います。ごまかしもきかなくなるし、いい加減なこともできません。ところが「どこまでやればよいか教えてくれ」と言うわけです。東美濃の栗農家の方々は、そういう人たちなのです。

私は本当に嬉しくて、一緒になって作業をしました。

私が農家で選別をしてみると「これもだめ、あれもだめ」という栗がけっこうありました。農家の方々が選果作業をしたあとでも、不良果がかなり出てきたのです。

生産者の人たちにしてみれば、そこでガッカリするわけですが、またしても農家の奥さ

んたちが言ったのは、

「これはもっと厳しくやらないとだめだね」

という言葉です。それを聞いたご主人方も、「そうだな」と言い出しました。

長年、農家は良い栗も悪い栗もいっしょくたに、たくさん量を市場に出せばよいということでやってきました。しかし、**農家の方々の意識は大きく変わりました。責任を持って大切なお客様に届けるという「顧客に向いた生産」を行い、どんどんお客様に近づいていきました。**

こうして東美濃の栗は、生産者自らの力で品質を上げていったのです。

地域ブランドづくりの連携組織「超特選栗部会」

東美濃の栗菓子を提供する数多くの企業のなかで、当社は地元の栗にこだわり、農家とともに恵那栗を育ててきました。

私たちは老舗でもなく、名店でもなく、まだ知名度の低い菓子店のひとつでした。

しかし、私は、だからこそチャレンジができると考えたのです。

地元の農家と連携し良質な栗をつくり、全量を買い取って、当社のすべての栗菓子の商品に活用する。それは大きな挑戦でしたが、大企業ではないからこそ、かりに失敗してもまたやり直せる。だったら、とりあえずやってみよう、動いてみようと思いました。

中津川・坂下町の一二件の栗農家と始動した事業は、一年、二年、三年と経過するうちに、生産地域が広がっていきました。

四年目には、坂下、中津川、恵那、上矢作と、四つの地域で多くの栗畑が生まれています。これらのエリアの方々が、現在でいう「恵那山の麓の栗農家」となったのです。

契約農家が増えるにともなって、各地域の栗部会で横のつながりもしだいにできてきました。一〇月に収穫期が終わったころ、契約農家の方たちが集い、「今年の栗の出来はどうだったか」と話し合う反省会も開かれるようになりました。

そうして、当社と栗農家の代表者たちは、連携体制の整備にとりかかります。

坂下町の農家との契約出荷がスタートしてから四年後。一九九八（平成一〇）年に、恵那地区栗振興協議会（現・東美濃栗振興協議会）の下部組織として「超特選栗部会」を設立しました。

超特選栗部会は、中核団体としての当社と農家を組織的につなげる団体です。

契約出荷の仕組みを発展させるため、塚本先生に協力していただき、ＪＡひがしみの、東美濃農業改良普及センター、岐阜県の中山間地農業技術研究所とも共同して、連携体制

岐阜県東美濃全体図

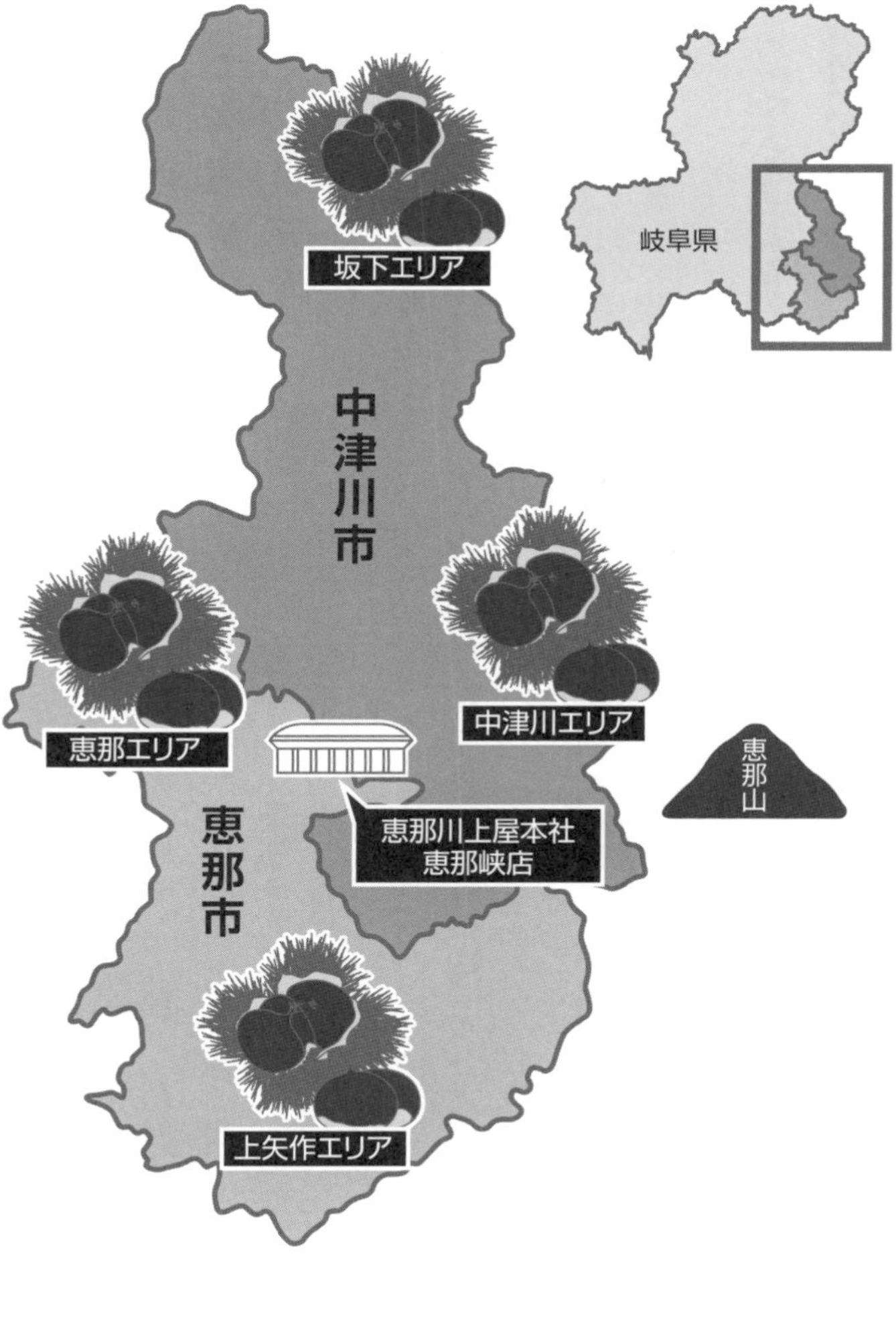
岐阜県
坂下エリア
中津川市
中津川エリア
恵那エリア
恵那山
恵那川上屋本社
恵那峡店
恵那市
上矢作エリア

の中心となる団体をつくったのです。

超特選栗部会ができ、私たちが決めたのは、栗のさらなる高品質化をはかる「超特選恵那栗」の規定です。

栗のランクは、通常「一般」と「特選」に分けられますが、特選を上回る「超特選」の格付けをしたのです。坂下町の農家との契約が開始したころに定めた「特選栗」をグレードアップさせ、超特選栗部会とJAひがしみのが規定した条件をクリアした栗を「超特選恵那栗」と位置づけたわけです。

超特選恵那栗は、栽培条件と出荷条件によって定められています。

栽培条件としては、樹齢によって低樹高栽培または超低樹高栽培をきちんと実行し、施肥や防除の規則を確実に守り、安全で安心な生産につとめることを課しています。

出荷条件については、規定している品種において収穫時間の限定、不良果の選別の徹底など、品質と鮮度の厳しい基準を設けています。

これらの条件をすべて守っている栗が、超特選恵那栗と称号されるのです。

また、この超特選恵那栗を栽培する農家は、超特選栗部会に登録する制度もつくりました。登録会員となるには、選考委員が栗畑を審査し面接などもして、選考基準を満たしている畑として認定されなければなりません。

超特選恵那栗規定（東美濃栗振興協議会超特選栗部会 JAひがしみの）

栽培条件

- ➡ 低樹高長果枝剪定(樹齢14年以下は低樹高、15年以上は超低樹高長果枝剪定)を確実に実行する
- ➡ 施肥は規定の施肥体系に従い実施
- ➡ 夏季剪定を7月中旬、下旬に実施
- ➡ 防除は規定の防除基準以内で実施

出荷条件

出荷可能者	………JA東美濃栗振興協議会員のうち超特選部会員
対象品種	………14種(2020年現在)
品質管理	………収穫は出荷日午前又は前日午後
保管	………蒸れと乾燥を防ぎ、涼冷な場所で保存
薫蒸	………行わない
水洗い	………不良果、浮き栗、病虫害果の徹底自家選別
搬入	………搬入は午後3時まで

選考委員は、ＪＡ東美濃栗振興協議会会長、中津川・恵那・恵那北（坂下、福岡）・恵南（岩村、上矢作、山岡）の部会長（四地域内超特選栗部会会長を含む）、恵那農林事務所、岐阜県中山間農業研究所中津川支所、そして当社の九名で構成されています。

すなわち選考を経て会員となった生産者が栽培し、さらに栽培条件と出荷条件にかなう栗だけが、超特選恵那栗という東美濃の最高級の栗として認められるわけです。

超特選栗部会ができたことで、栽培から、収穫、出荷、納入、加工まで、うまく流れるようになり、契約栽培の連携活動がいっそうスムーズになりました。

この結果、当社にも農家にも目に見える成果となってあらわれています。

当社では原料ロス率が抑えられ、選別の時間、人件費の節約につながりました。お菓子の品質向上も可能になり、加工時のロス率は約一パーセントから二パーセントと低く、歩留まり率は約六五パーセントという高い結果を得たのです。

また、農家にとって良かったのは、契約出荷の規定が明確になって、市場価格の一・五倍から三倍での定額取引の安定が実現したことです。さらに超特選恵那栗は品質も鮮度も良い栗であるため、栽培農家の所得向上にも寄与したのです。

地域ブランドの拡張は、中心になる推進団体ではなくてはならないものです。超特選栗部会の発足により、私たちの連携基盤はより盤石なものとなりました。

四品種の恵那栗で安定的な収穫を確保する

さて超特選栗部会が組織され、超特選恵那栗の定めに適合する栗ができるようになったら、それを恒常的に収穫する仕組みづくりをしなくてはなりません。**農産物等の生鮮産物のブランドを保つためには、毎年、旬の時期に確実に確保できるかどうかが成否の鍵を握っています。高品質の産物の供給がストップしたら、地域ブランドの維持はできないからです。**

幸いなことに東美濃地方は、内陸性の気候、肥沃な土壌、日照時間、標高、降水量など、質の良い栗が育つ条件が揃った土地です。この恵まれた自然環境のなかで、私たちは栗の安定供給のシステムづくりにも取り組みました。

超特選栗部会の登録農家では、それぞれ収穫の時期が違う極早生《ごくわせ》から早生《わせ》、中生《ちゅうせ》、晩生《ばんせ》まで、数種類の品種を栽培しています。

それらは、すべて「恵那栗」と総称していますが、そのなかから厳しい栽培条件と出荷条件をクリアした栗が、超特選恵那栗と名づけられるわけです。

恵那栗の特徴は、何といってもその大きさです。普通の栗の二倍の大きさで、割ってみると黄色い色が鮮明です。鮮度の落ちた栗は、芯が紫色に変色していますが、恵那栗はきれいな黄金色を保っているのです。

ちなみに恵那栗の「えな」は「胞衣（えな）」という意味を含んでいます。胞衣とは臍帯（さいたい）をあらわし、恵那山にある恵那神社には天照大神の臍の緒が祀られているという言い伝えからつけられたものです。日本のへそ、真中にある「まほろば（美しくすぐれた場所）えな」という意味もこめて、「えなくり」という名前には、恵那中津川地方の文化も盛り込まれているのです。

このように東美濃の風土や文化がつまった恵那栗は、全部で一四品種（超特選栗部会発足当時は一一品種）あります。

極早生の「えな宝来」「胞衣」、早生の「丹沢」「出雲」「えな宝月」「大峰」「林1号」「林2号」、中生の「筑波」「利平くり」「有磨」「銀寄」、そして晩生の「美玖里」「石鎚」の順で収穫されます。栗農家は、極早生、早生、中生、晩生まで数品種を栽培することで、八月下旬から一〇月の中旬にかけて、収穫期には順繰りに安定して出荷ができるわけです。

なかでも極早生の「えな宝来」は、栗きんとんのために開発された品種です。毎年、八月二五日前後から「えな宝来」の収穫が始まり、九月になると「丹沢」「出雲」「伊吹」と続いて、収量がぐっと増え、一〇月に入るとだんだん減ってきます。

超特選栗部会では、これらの栽培を数年かけてコントロールし、今では年間で合計一〇〇トンの収穫が実現するようになりました。

収穫時期になると、木を箒で叩いて落ちたものを集めるのが通常のやり方です。しかし、超特選栗部会の登録農家では、じっくりと自然落下を待ちます。静かな早朝の栗畑に栗がポトリポトリと落ち、それをただちに拾って選果したのち、数時間内で当社の菓子工場に納入されます。これが八月の下旬から一〇月中旬にかけて続くのです。

こうして一四種類の恵那栗が順々にやってくると、栗きんとんをはじめとする栗菓子の味は品種によって微妙に違ってきます。当社が提供する同じ栗きんとんでも、初秋の栗きんとんと、晩秋のものとでは風味も味もわずかに異なるのです。

私は、それを統一する気はまったくありません。季節ごとの風味を味わっていただくには、品種の違いによる味の違いはあってよいと思うからです。

お客様によって「九月の最初の栗きんとんが好きだ」とか「一〇月ごろのほうがよい」など、それぞれのこだわりが生まれるのは楽しいものです。

安定供給のための栽培の仕組みづくりから、はからずも収穫時期によって栗きんとんの味にバリエーションができました。それもまた、地域の風土や季節の移ろいをお伝えすることにつながるのではないかと思います。

地元の栗の鮮度を保つために思い切って設備投資

栗農家と当社の連携は、一連のつながりをもった共同事業です。超特選栗部会発足によって、栗の高品質化、収穫時期、出荷体制が整ってくると、今度は当社の加工工程の見直しも迫られることになりました。

当社では、契約農家で栽培される品種がうまく回り始めたときに、CAS冷凍システム（セルアライブシステム）を取り入れています。CAS冷凍システムというのは、収穫したばかりの新鮮な栗を加工後、零下六〇度で急速冷凍できる装置です。

たとえば、水羊羹を普通に冷凍すると、水分と寒天が分離してしまいます。ところが、CAS冷凍で保存すると水分が出ません。この特殊な技術を、栗の保管に活用したのです。どうしてCAS冷凍システムが必要だったかというと、当社の菓子工場で加工できるのは一日三トンが限度だからです。

ところが、収穫期に大量に納入されたら、加工能力を超えたぶんは使えなくなってしまいます。当社では、地元の栗の鮮度を保ったまま、とれたての状態でお菓子にすると決めています。栗の収量が増えていったころ、一日三トンを超える栗をどうするべきかという

超特選恵那栗の一次加工

超特選恵那栗は収穫から 24 時間以内に加工される
その後、一次加工品は商品に加工
余った素材は CAS 冷凍システムにより保存される

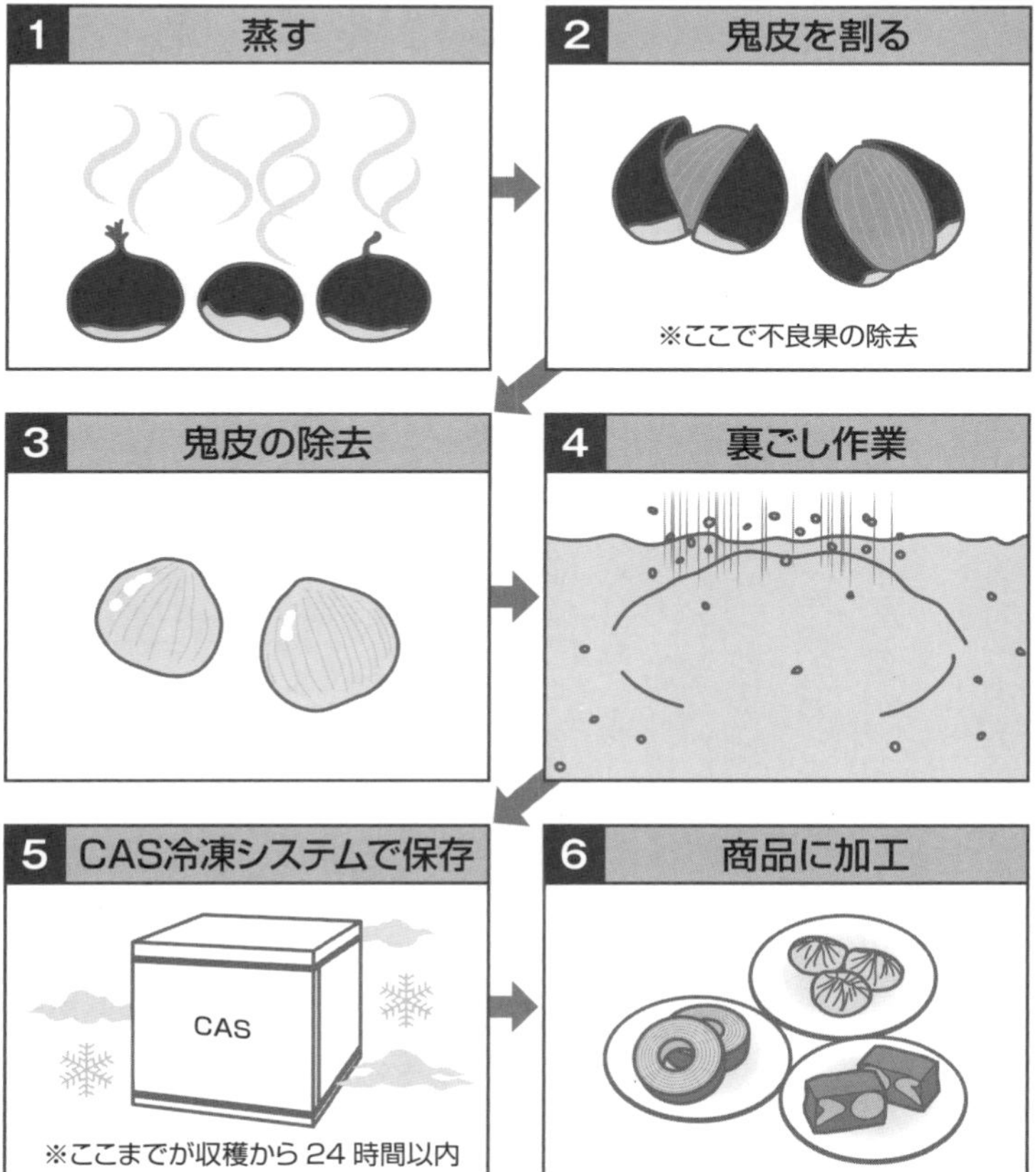

問題が出てきたのです。

九月の中旬、最盛期には毎日栗が山のように運ばれてきます。最初は、JAひがしみのの大型冷蔵庫を借りたりしていました。ですが、一日に加工しきれない栗が出てきたときに、それを普通に冷蔵したら鮮度が落ちるのは否めません。ならば、納品された栗をそのままの状態で保存できないだろうかと考え、CAS冷凍システムの導入を決めたのです。

CAS冷凍システムは、当社にとっては多額の設備投資でした。しかし、**鮮度の高い地元の栗を加工しなければ、日数をかけて搬入される他産地のものを使うのと同じになってしまいます。**ですから、JAにも協力を仰ぎ、思い切って購入を決断したわけです。

CAS冷凍システムを入れたことで、収量が多くても、当社の菓子工場での加工工程で無駄なく管理できるようになりました。

収穫期には、連日大量の栗が運び込まれます。それらの栗は、少量の砂糖だけを加え炊き上げて栗のペーストにします。これが「栗きんとんのたね」です。収穫したての栗を、新鮮なうちにお菓子のたねにし、これを秋の栗きんとんほか、四季折々の和洋菓子の素材にするわけです。

当社では、超特選恵那栗の収穫、納入、加工、保存というラインを完備するまでに、一五年ほどを費やしています。年月はかかりましたが、これによって年間を通じて、新鮮な栗の和洋菓子を楽しんでいただくことができるようになったのです。

現在は、年間で約二〇〇種類の栗菓子を製造するまでになりました。

栗の品質を点検する「目揃い会」が始まった

超特選栗部会が設立される以前、契約農家のみなさんが労をいとわず、自ら選果作業をしてくれたというお話は先に述べました。

契約出荷が始まったばかりのころは、加工できない栗もたくさんありました。しかし、最初のうちはひと目見て「だめな栗がずいぶん混じっているな」と思っても、強くは言えませんでした。

とにかく地元の栗栽培を再興して、東美濃の栗だけで栗菓子をつくるという目標がありましたから、使えない栗がどれだけあっても、全量納入しなければ契約出荷は続かないと思ったからです。そんなとき栗農家の方々が、自主的に選別してくれるようになったのは、涙が出るほどありがたいことでした。

超特選栗部会が発足してからは、選果作業の仕組みも整備しています。

超特選栗部会では、農家から出荷する前に「選果の統一をしよう」という話が持ち上がりました。

そこで始まったのが「目揃い会」です。早生の収穫が増える九月の初め、選果の基準を設けることになりました。超特選栗部会に登録している農家が一堂に会して、「この栗はよい」「この栗はだめだ」という点検をするのです。

目揃えとは、その年の栗を持ち寄って、育ち具合や病害虫の被害を確認する作業です。それぞれの農家や地域で品質にばらつきがないように、基準を揃えることをいいます。毎年、目揃い会を開いて、その年の栗の出荷がスタートするわけです。

初秋のすがすがしい日差しの下、超特選栗部会の作業場には、東美濃全域から登録農家のみなさんが集結します。

全量納入する当社が挨拶をして、塚本先生による選果講習が始まります（現在はＪＡひがしみのが実施）。先生は、農家の方々の目の前で、実際に「良い栗」と「だめな栗」を比べながらわかりやすく説明していきます。農家の方々からは、たくさんの質問があがります。

目揃い会は、生産者にとっては研修会のようなものであり、選別の方法だけでなく、剪定や施肥の大切さも学ぶことができるわけです。

恵那川上屋の

地域ブランド構築 ポイント③

契約栽培の仕組み

- 栗の栽培方法および選果基準を設ける
- 契約内容に賛同した坂下地区の農家（12軒）から恵那川上屋が市場価格より高価格で全量（年間10トン）納入を確約（当時）

↓

品質向上への取り組み

栗栽培の専門家（塚本 實 氏）へ指導を依頼

↓

連携体制の整備と内容

- 超特選栗部会の発足
- 超特選恵那栗の規定づくり
- その年の選果の基準を確定する「目揃い会」の開催
- 14品種の恵那栗の収穫期を管理
- 「剪定士認定制度」を開始

こうして出荷の最盛期前の段階で、その年の選果の基準を確認することで、当社には良い栗だけが選別されて搬入されることになります。そうすると、加工前の選別に時間とコストをかける必要がなくなります。このような円滑な流れをつくるためにも、収穫初期に品質管理の再確認をするのが目揃い会というわけです。

その後も、収穫期間中は毎日のようにそれぞれの地区で各農家からの出荷物を持ち寄って、チェックが繰り返されます。

目揃い会は、今ではシーズン初めの恒例行事となりました。

栗づくりに関わる全員が「さあ今年も始まるぞ」と気持ちを新たにする場であり、超特選栗部会の栽培農家同士のコミュニケーションの場ともなっています。

農家の人たちの喜びがなければ成功はあり得ない

中津川・坂下町の農家と契約してから三〇年近くが経過しました。

二〇二〇年現在、超特選栗部会の登録農家は約八〇戸まで増えました。農家が栽培する超特選恵那栗は、当社が全量買い取って、東美濃の栗菓子として全国のお客様に届けられています。

振り返ってみれば、私はこの地域を栗の里にするという一心でまい進してきました。「栗菓子の里」を「栗の里」にするにはどうすればよいか？　常に自問しながら事業を進めていくうちに、私が気づいたことのひとつは、**農家も当社もどちらも喜びを分かち合える仕組みをつくらなくてはならないということです。**

約二〇年前、栗菓子は全国区になっていましたが、一方で地元の農家は危機に瀕していました。そんなとき「東美濃の栗栽培を復興させましょう」と呼びかけたら、坂下町の農家のみなさんは「よしやろう」と応えてくれました。

ですから、当社は無理をしてでも、高価格の全量買い取りに投資しました。そうでなければ農家の方々の喜ぶ顔を見ることはできません。当社も痛みを分かち合わなければ、本当の成功はあり得ないし、ともに歓喜することもできないと思ったのです。

やがて、農家の方々の努力が報われるときがついにやってきました。

二〇〇三（平成一五）年、第三三回日本農業賞・集団組織の部に、超特選栗部会が岐阜県代表として選ばれたのです。

日本農業賞の都道府県代表になるのは、高校野球でいうなら、甲子園に出場するようなものです。坂下町の農家の方々と契約が始まってから約一〇年。超特選栗部会が発足してから五年。私たちのやってきたことが、初めて全国で評価されたのです。

お祝いの会では、農家の方々や父、私、当社のスタッフほか、栗づくりに関わった人たちが抱き合って嬉し涙を流しました。このとき初期のころから参加してくれた農家の方々が、私のところにきて「あんたのおかげだ」と言ってくれました。その姿を見たときに、契約出荷をスタートして約一〇年の歳月がよみがえってきました。

農家を一軒一軒訪ね歩いたこと、坂下町の農家の方々と何度も話し合ったこと、みんなで栗の選別をしたこと、栗林を歩き回り、育っていく木を見守り続けたこと。額に汗して剪定、収穫する農家の人たちと、泣き笑いの顔、顔、顔。

桃栗三年どころか一〇年、やっとひとつの大きな実を結実させたのか。

私は、年月の重みをあらためて感じました。「おかげさま」という言葉の意味を、初めてわかったような気もしました。ここまでやって、ようやく農家の方々から「おかげさま」といってもらい、喜んでもらえたのか、と。

そして、**私の中で当社の仕事は、お菓子をつくって売ることだけではないのではないかという思いが生まれました。農家と、当社と、地域の人々と、お客様。みんなが喜び、おたがいに「ありがとう」と言い合える仕組みづくりをしていくことが、私たちの使命なのではないかという考えが浮かんできたのです。**

思い起こせば、東京で洋菓子の修行をしていたころ、近所の人たちに、試作したお菓子

主な認定・受賞歴

2003年	日本農業賞岐阜県代表受賞
2004年	岐阜県農林水産オリベ賞受賞
2005年	農林水産省「立ち上がる農山漁村30事例」受賞
2008年	農林水産省・経済産業省「農商工連携88選」認定 独立行政法人中小企業基盤整備機構「地域産業資源活用事業計画」認定
2010年	農林水産省・経済産業省「農商工連携全国ベストプラクティス30事例」認定 岐阜県「飛騨・美濃すぐれもの」認定
2012年	農業・食料産業イノベーション大賞受賞
2013年	農林水産省 農村振興局長賞受賞（耕作放棄地発生防止解消活動表彰）
2014年	農林水産省 補助事業 ６次産業化推進シンポジウム「農水省食料産業局長賞」受賞
2018年	農林水産省 地産地消等優良活動表彰「農林水産大臣賞（食品産業部門）」受賞

を配って喜んでもらいました。そのときは「これ、食べてよ」と渡しても、見返りなんか求めていませんでした。でも、相手からは「ありがとう」と喜ぶ笑顔が返ってくるわけです。自分が何かをあげれば、相手も何かをくれるのです。私にとって、東京でいちばん勉強になったのはそのことでした。

人は何か与えれば、必ず何かをもらえます。言葉だって、こちらから挨拶をしなければ相手からも返ってきません。お客様も、心をこめてつくったお菓子を提供すれば、「おいしかった」という言葉を返してくれます。すべて一緒です。自分から動かなければ、何も始まらないし、何も変わらないのです。

日本農業賞受賞は、名誉ある大きな賞をもらっただけではありませんでした。農業、加工業、製造業、販売業と、すべての仕事の本質は人に喜びを与えるもの。そんな大事なことを、私たちに気づかせてくれたのです。

自信をもって栽培される栗だから銘菓が生まれる

地域の素材を活用したいという食品加工業者は、全国にたくさんいらっしゃいます。また、契約栽培の仕組みをつくりたいという業者の方々も多いでしょう。

そうした方々に、私がアドバイスさせていただくとしたら、**生産者のやる気を引き出すことが何よりも大事だということです。**

高価格での取引や、栽培、収穫の管理、食品加工のシステム、商品開発ももちろん重要です。しかし、それらは作物をつくる喜び、自信、誇りがあってのもの。逆にいえば、素材をつくる人の喜び、自信、誇りがなければ、高級な製品をつくっても、お客様の心に届く価値ある商品にはならないでしょう。

とくに生産者に自信をもって栽培してもらうのは、農商工が連携した地域ブランドづくりの大前提といえます。

こうして、東美濃の栗農家は、全国に胸をはって誇れる恵那栗の生産者となったのです。そして塚本先生の指導を土台とし、「自分の畑にあった」手法を取り入れていきます。畑と一概に言っても気温、土壌、肥料の量、根起こし、霜の降り具合など、それぞれの地域や場所によって条件はさまざまです。そのため生産者が「良い栗をつくる」ためにはどうすれば良いかを自分たちの畑と向き合いながら考え、自らが意思決定を行うようになりました。正しい意思決定へのシフトは、自分たちの農業を実践するという「愛着心」も生み、それが超特選栗部会の風土にもなっていきました。

第2章のポイント

- 品質向上には農家に「自信」を促す施策・指導者が不可欠
- 「良いものをつくる」ために農家が自ら意思決定を行うことが、自身の農業への「愛着心」につながる

第3章

農商工連携で ふるさとの食文化を提供する

農業生産法人「恵那栗」

超特選恵那栗のマーケットイン型農業

全国津々浦々、どこに行ってもその地域ならではの素材があります。ところが、昔から受け継がれてきた地方の良質な産物は、それを守る仕組みをつくらなければ、あっという間に消失してしまうものです。

流通や情報の発達、商品の加工・製造工程における形態の変化、食材のグローバル化、消費者の嗜好や食生活の変容などなど。現代社会では、ふるさとの産物とそれをつくる担い手は、常に衰退に追い込まれるリスクにさらされているのです。

かつて東美濃の栗栽培と生産者も、そのような状況に置かれていました。

私は当時、地元の栗農家の困窮は、やがていつかは栗菓子の加工業者にもはね返ってくるのではないかと考えました。

業者が他産地の栗を安く入れて「東美濃の銘菓・栗菓子」として提供しても需要はあるでしょう。しかし、長い目で見たときにいつか地元から栗畑がなくなってしまったら、栗菓子を加工する業者も傾く懸念は大いにあります。

実際、近年は素材の安全性や地域性などに消費者の目が注がれるようになり、ふるさとの地にしっかりと足をつけていない食品関連業者は淘汰される傾向がみられます。

ですから、**加工業者である私たちが生きるためには、地域の産物である栗を活かさなければいけないと思いました。**

地域の産物である栗を活かすには、超特選恵那栗のブランド構築が必要です。そして、超特選恵那栗のブランド化には、現実問題として、栗をつくる農家の収入の増加と安定が最優先事項でした。

つくったものを売るプロダクトアウト型に対し、売れるものを開発し、プロモーションを繰り返し、価値を高めていく全量買い取るマーケットイン農業は、生産者とお客様をつなぐことでお互いの意識を「質」に集中させ、より高い価値を目指すことができます。

中津川・坂下町の農家の方々との契約出荷を開始したのは一九九四（平成六）年。二〇一〇（平成二二）年には、高品質の恵那栗を高価格で全量買い取る仕組みづくりをほぼ実現することができました。

初期に定植した木が育ち、超低樹高栽培によって栽培された良質の栗を加工に使えるようになるまで数年かかっています。しかし、超低樹高栽培が浸透して収穫のサイクルができると、品質はどんどん上がっていきました。超特選栗部会の発足により、栽培条件と出荷条件の明確な規定ができてからは、条件をクリアした最高級の超特選恵那栗が毎年コンスタントに納入されるようになりました。

当社では、品質が良くなり、歩留まり率が上がると価格に反映させています。

その結果、買取価格は当初のキロ五〇〇円から一〇〇〇円（超特選恵那栗の早生種・Lサイズ）にまで引き上げられました。これは市場価格の約二倍です。

また、**当社の売上げは、契約出荷開始時から三〇倍に伸びています。**

当社では一貫して、売上げ増加分を栗農家に分配するという方針でやってきました。

本来、農業は農業、加工業は加工業、販売は販売と分かれています。それをひとつにつなげて、加工で儲かったものを農家に返す、販売で儲かったものも農家に返すというように、地域全体で連鎖させるかたちにしたのです。

農家と当社は、いわば車の両輪の関係です。素材としての栗をつくる農家と、その栗で商品をつくる当社と、両者が一緒に車輪を回し続けなくてはなりません。

では、車輪を回し続けるにはどうすればよいかというと、栗菓子の需要に見合った栗の供給を確保するのが絶対的な条件となります。

恵那栗の年間生産量は、近年一〇〇トンを超えるまでになりました。

とはいえ、生産量に関してはまだ道なかばです。

一〇〇トンでは、当社の栗菓子の販売量に追いついていません。需要をまかなうため必

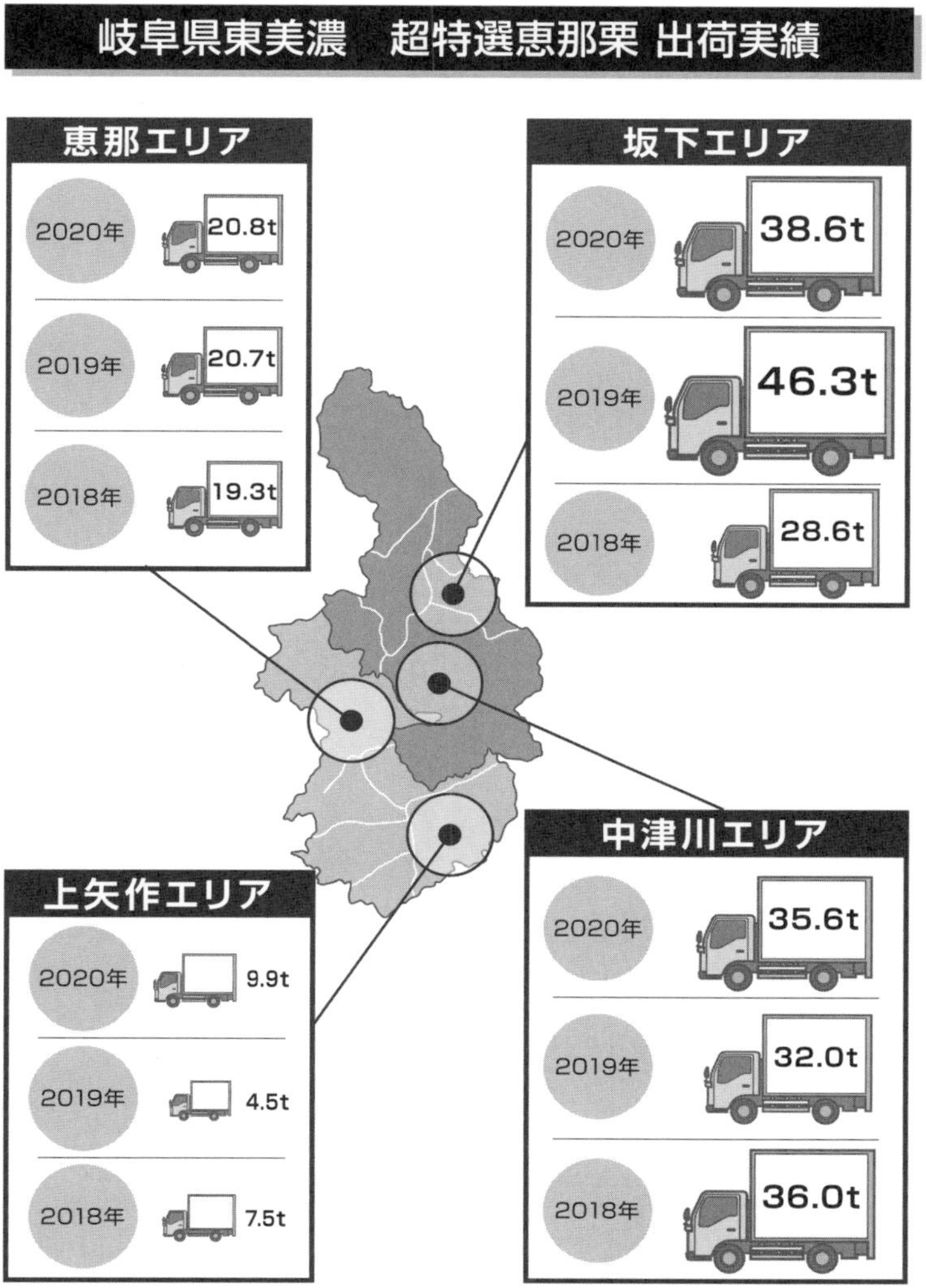
岐阜県東美濃　超特選恵那栗 出荷実績
恵那エリア
2020年
20.8t
2019年
20.7t
2018年
19.3t
坂下エリア
2020年
38.6t
2019年
46.3t
2018年
28.6t
上矢作エリア
2020年
9.9t
2019年
4.5t
2018年
7.5t
中津川エリア
2020年
35.6t
2019年
32.0t
2018年
36.0t

要なのは二〇〇トン。現状では一〇〇トンほど足りないわけです。

不足分は、熊本県・愛媛県・長野県などの他産地の栗で補っています。他産地の栗といっても、恵那栗の栽培で培った技術を使って育てられた栗をその地で加工します。全国の信頼できる農家の方々に栽培技術を供与して、品質の高い栗を生産していただき、迅速に納入したものを使っています。こうして良質な栗をペーストに加工（第一加工）する取引先を複数持つことで、質・量ともに安定させています。

将来を見据えて一〇〇トンは自社で生産する

当社では、栗の供給量が上がるのにともなって栗菓子の販売を拡大してきました。質の良い超特選恵那栗でつくった栗菓子は評判を呼び、当社は飛躍的に販売量を伸ばしています。

近年の超特選恵那栗の年間最高生産量は一二〇トン、当社の売上げは契約出荷開始時の三〇倍にまで伸びました。当社では、生産量と売上げが向上していくプロセスで、栗の収穫量と栗菓子の販売量のバランスをとって、徐々に両方の数字を上げてきました。

そして、**さらなる将来的な目標として生産量三〇〇トンと定めました。**

恵那川上屋の

契約出荷開始時（1994年）と現在（2020年）との比較

●契約農家数（超特選栗部会・登録生産者数）
12軒→約80軒

●超特選恵那栗・年間生産量
10トン→約100トン

●超特選恵那栗・取引価格（市場価格の約2倍）
キロ約500円→キロ約1,000円

●恵那川上屋
契約出荷開始の30倍の売上（子会社を含む）

しかし、三〇〇トンの目標を掲げたときに、問題になったのが生産者の高齢化です。これから先、生産者が年々年を重ねていくと、超特選栗部会からの供給だけで三〇〇トンの目標を実現するのはどうしたって難しいと思われました。

この問題に対処するため、一〇〇トンは超特選栗部会の新規参入農家に期待するとして、一〇〇トンを自社で生産することを私は考え始めました。自力で収量拡大を目指すべく、農業生産法人の立ち上げを思い立ったのです。

私が直接生産を考えるようになったのは、栗農家の二代目を継ぐ人は減ると思われたからです。

初期のころから契約している栗農家のなかには、二代目の息子さんも一緒に親子で栽培をしてくださっているところが何軒かあります。

ですが、就農せずにほかの仕事をしている息子さんたちは少なくありません。また、超特選栗部会の登録農家も増えて、大きな組織になってきました。昔のように私が一軒一軒、農家を訪ね歩いて、家族ぐるみで話し合いをするのも物理的に難しくなっています。

かりに後を継いで栗栽培を続けたとしても、二代目、三代目に代替わりしたら、その人たちはほかのルートで売る可能性だってあるでしょう。

栗農家と当社は協同で最高級の超特選恵那栗を生み出して、当社が全量買い取る仕組みをつくってきました。それは初代の生産者の苦労があって、当社と志を同じくできたからです。東美濃の栗栽培を再興して、「最高の銘菓をつくろう」という、互いの思いが一致したからなのです。

ですから、農家の方々は「値段を上げてくれ」とは言いませんでしたし、だからこそ当社は取引価格を市場価格の倍以上にして、栗菓子の売上げを反映させてきました。

しかし、二代目、三代目になったら当然、考えは変わってくるはずです。

超特選恵那栗の品質は、いまや全国的な評価をいただいています。二代目、三代目の人たちは、地元の栗菓子のためではなく、大手菓子業者や、都市の食品業者、飲食業者にももっともっと高値で売りたいと思うようになるかもしれません。そうなったときに止める術はありませんし、当社に納入される栗がなくなるわけです。

そのため、農業生産法人が必要と判断したのです。

自社で生産できれば、最低限の量は押さえることができます。この先どうなっても、一〇〇トン程度は自力でまかなえるようにしておくための保険のようなものです。

私もまた、東美濃の菓子業者の二代目として、従来のやり方を打ち破っています。

他産地の栗を安く大量に仕入れ、栗菓子を加工する慣習を、当社だけが変えてしまいました。縮小していた地元の栗栽培を復活させて、自社の栗菓子をすべて東美濃の栗だけでつくる夢が膨らんだからです。

わが身を振り返れば、栗農家の二代目、三代目だって新しい試みに走ることは十分に想定できます。そのとき批判をするのはやめようと、私は心に決めています。

生産者の高齢化と後継者の問題から、農業生産法人の設立は必然だったのです。

農業生産法人「恵那栗」設立で一貫生産を実現

こうして二〇〇四（平成一六）年に、農業生産法人「恵那栗」を発足しました。将来を見据えて、生産量の不足分を確保するため、直接栽培に乗り出したわけです。

農業法人を立ち上げたのは、栗のことをもっと知りたい、すぐれた栽培方法を伝えていきたいという願いももちろんありました。恵那栗を地域の文化として全国に発信するためには、生産から携わりたいと考えたのです。

当法人では、さっそく農地探しから着手して、農家の方々の協力を仰ぎ、自分たちの手で開墾、植樹をしていきました。

農地探しについては、恵那市と中津川市で事前調査をし、排水の良い土地を探して、作業効率のよい平坦な土地を選んでいます。廃業した農家の畑ほか、耕作放棄地を借り受け

恵那川上屋の

農商工連携 ポイント①

課題

超特選恵那栗の生産が、恵那川上屋の需要に追いついていない。

原因

- 生産者の高齢化
- 後継者不足
- 栽培用地の確保

↓

解決への取り組み

農業法人「恵那栗」設立

目的

- 直接栽培による超特選恵那栗の生産量増加
- 廃業した農家の土地を有効利用
- 栽培方法などの開発・研究・実験

て、新たに栽培をスタートさせました。

農業生産法人設立は、いうなれば一石三鳥の取り組みといえます。

ひとつは当面、当社の栗菓子加工に不足している数トン分を補うことが可能になります。

そして、高齢になり管理が難しくなった農家の畑を借りることで、土地を有効利用できます。さらには当社において、栽培から、栗菓子の加工、販売までの一貫生産、いわゆる「六次化」ができるのです。


借り入れた農地は、栗畑のほか、もとはさまざまな作物が栽培されていました。したがって根を抜いたり整地をするなど、開墾作業が必要でした。開墾ができたら、次は苗木の植え付けです。超低樹高栽培を行うために、植え付けの間隔は五メートルほどに定めています。

スタッフ構成に関しては、役員二名と職員五名。開墾作業は、従業員総出で対応しています。また、開墾後の管理は補助員を三名雇用しています。出荷の最盛期には、シルバー人材センターなどから臨時に雇用することにしました。


そして当法人は、土づくりの段階から技術を継承する役割も担っています。

栗の手入れや収穫に手いっぱいの農家にかわって、栽培方法の開発、研究、実験を始めました。また、栗の皮や枝を利用したたい肥づくり、農薬を使用しない除草方法の開発、恵那の風土に合った強い栗の品種づくり、さらに農業経営の仕組みづくりなどにも取り組んでいます。

現在、力を入れようとしているのは鬼皮の粉化です。

当社の工場で加工する際には、鬼皮が大量に出ます。また、剪定の段階で出た枝は、細かく砕いてチップにして畑にまきます。剪定枝のチップは、地面にまくことによって下草の生育を抑え、除草の手間が省けるのではないかということで実験を開始しています。

市町村の境界をなくしてプロジェクトを拡大する

農商工連携事業で、自治体間の連携は早急に改善しなくてはならない課題です。活動がひとつの市や町や村で完結するなら問題はありません。ですが、産物によっては収穫地に複数の市町村が存在している場合もめずらしくないはずです。

そこで各自が行政区域に固執したら、事業はたちまち滞ってしまいます。せっかく良い産物があるのに、活動が頓挫する例もけっこう多いのではないでしょうか。

私たちは、当社の企業活動を説明するときには、地名を岐阜県・東美濃と言っています。最初から一企業としての利益追求のみならず、「東美濃を栗の里にしたい」という一念で事業を進めてきたからです。

そのため、テレビなどの取材でも当社はほとんど出ていかず、農家のみなさんに出てもらいました。それも「恵那市の生産者」ではなく、「中津川市の生産者」でもなく、「東美濃の超特選栗部会の生産者」として出演してもらっていたのです。

しかし、二〇〇九年にテレビで取り上げられたときは、当社の代表として私も出演しました。なぜなら、農家の方々は自治体のしがらみがあるため、「恵那川上屋に栗を納めている」とは言えないからです。それは農家の方々の責任ではないのですが、「育てた栗は、ある菓子店に買ってもらっている」という言い方しかできないのです。

超特選栗部会には、坂下・中津川・恵那・上矢作という四つの地区があります。そうすると、どうしても地区の利害がからんでくるわけです。

こうした事態が重なったため、私もテレビに出ていくことにしました。

それは当社の宣伝のためではなく、栗菓子の食文化を言わずして、私たちがやってきた活動の意味が伝わらないと考えたからです。せっかくテレビで扱ってもらえるのに「うちは○○市の農家だ」「うちは△△町の農家だ」と言っていたら、超特選恵那栗の良さを知らしめることはできません。

自治体間の利権争いというのは、厄介極まりないものです。

近隣の自治体を訪問して、「岐阜県東部の栗栽培振興のために協力してください」と要請すると、たいがい「恵那栗という恵那市の名前がついているからできない」と断られてしまいます。なかには「××市の××栗という名前にしたら協力してもよい」とおっしゃる方もいます。ああ、これはだめだ。私は、諦めざるを得ませんでした。

ブランド名を超特選恵那栗にしたのは、恵那川上屋が恵那市の菓子店だからというだけではありません。昔この一帯は「恵那郡」でした。また恵那山の麓の栗という意味もありますし、「胞衣（えな）」という地域の文化と歴史も含んでいます。にもかかわらず「○○市」「△△町」「××市」という壁が立ちはだかるのです。

自治体間のしがらみにとらわれていると、地域ブランドの拡大はできません。超特選栗部会の活動が発展できたのは、市町村の境界をなくしたからです。

当社が提携している長野県・飯島町もそうです。

当社から飯島町に栗栽培の打診をしたら、町長が快諾してくださいました。そして「信州伊那栗」というブランド名をつくったのです。「飯島栗」にはしませんでした。「信州伊那栗を南信州の食文化にしよう」という戦略を立てたからです。

するとどうなるかというと、飯島町だけでなく、隣接する地域にも拡大、発展が可能になります。近くの市町村でも伊那栗をつくることができるわけです。南信州では自治体のさや当てもなく、栗の産地が広がる可能性をもっているのです。

ひとつの産物で地域ブランドを育てるときに、市町村の協力は欠かせません。自治体の方々には、ぜひとも行政区にとらわれない支援を願うばかりです。

生産者と消費者が思う価値のギャップ

多くの果実園では選果から外れた生産物をジュースやジャムに加工したりしていますが、「それをどこへ販売し」「価格をいくらにするか」という価値を生み出すことが苦手な生産者がほとんどです。

安曇野の道の駅ではりんごジュースが山のように並んでいますが、誰も買っている姿を見たことはありません。その一方、当社のりんごジュースはよく売れます。これは消費者がお菓子とジュースという関係を想像し、「贅沢なデザート」にすることが可能だからだと思います。お客様はその商品をどうやって使うかが見えない限り、手にすることはありません。生産者に「なぜりんごジュースを加工するのか」を聞くと「りんごを捨てるのがもったいないから」と返ってきます。消費者が必要としているものにすることが前提ですが、生産者の都合では商品は販売するのが非常に難しいのです。

四国のみかん農家に伺ったとき、そこでつくられていたみかんの缶詰に感動したことがありました。みかんに薄皮が付いていたので「加工時に手を抜きましたか」と聞くと、「早生のみかんは薄皮を感じないんだよ」と教えられました。つまり薄皮を取り除くための薬品を使用していない缶詰なのです。また缶詰に充填されているのはシロップではなくみかんジュースで、しかも自社農園のカボスをpH調整剤の代わりに使っていました。

私はそのとき大変価値があるものと感じ、「この缶詰は五〇〇円で販売できる」と予測しました。ところが生産者へ買い取り交渉をしたら、「一七〇円」という価格が返ってきました。やはり生産者はお客様が買う価格と価値を理解しておらず、「捨てるはずのみかんを加工している」という罪悪感にかられていました。

つまり生産者が思っている提供価値とお客様が思っている購買価値にギャップがあり、これを生産者が見極めていないと販売は成り立ちません。さらには生産者がお客様へ提供価値のストーリーを伝えてない（提供価値のプロモーションがされていない）ことにも販売が成功しない要因があると私は考えます。これらをしっかり押さえれば、どんなものでも売れるはずなのです。

商品開発の要点は地域素材をアピールすること

ここまで農商工連携体制の構築と課題についてお話してきましたが、地域の産物を商品化するにあたって、当社はどう取り組んでいるのかも述べたいと思います。

二〇一〇（平成二二）年の「農商工連携で地域を活性化するポイント ベストプラクティス30」では、当社は「連携基盤の整備」とともに「商品開発」の項目でも評価をいただいています。

私たちは、連携基盤の整備も商品開発も、どちらも「ふるさとの食文化を伝承し発信していく」という理念のもとに構築しています。すなわち恵那栗を高価格で買い取るのも、超特選栗部会の発足も、農業生産法人「恵那栗」の設立も、すべて「恵那山の麓の栗菓子を世に伝え続ける」という一点につながっているのです。

ですから、商品開発もまた、いかにして恵那栗を地元の文化として商品化し、ブランド化するかにこだわって模索してきました。

栗菓子の商品づくりの過程で私が気づいたのは、「地元の人は地元のものをそれほど食べたいわけではない」ということです。これだけ流通や情報が高速化している時代、ほかの地方の食材や商品はすぐに手に入ります。だから、地元の人はむしろ他県の珍しいものに飛びつくのです。

では、地元の人には栗菓子を消費してもらわなくてもよいのかというと、そうではありません。地元の人たちには、栗菓子を東美濃の銘菓としてお土産や贈答などに活用していただく。あるいは、四季の栗菓子を時々味わっていただいたり、来客のおもてなしに使っていただければよいと思いました。

まずは地元の人に、栗菓子を「地域の自慢」と認識してもらい、「それを届けたい」という市民が全国へネットワークを広げていくというのが、当社が描いたシナリオです。自慢の銘菓の裏付けとなるのは、ほかでもない当地で開発された最高級の超特選恵那栗です。当社の栗菓子の多くは、普通の栗の倍もある新鮮な恵那栗で加工しています。この恵那栗の良さを最大限に活かすのが、商品開発の大原則なのです。

恵那川上屋という企業をブランドにしたり、または栗菓子という商品をブランドにしたら、本当の意味で地域は活性化しません。そうではなく地元の栽培を全面に出して、恵那栗をブランド化すると、農家にブランド力を支える力が出るのです。

地域の素材をブランド名にして、売るものは商品です。ですから、当社では栗菓子のおいしさだけをアピールするのではなく、なぜおいしい栗菓子ができるのか、恵那栗のすば

らしさを説明書などで必ずお客様にお伝えしています。

すると、恵那栗は栗菓子にとどまらず、どういう商品になっても、地域素材のブランド化につながります。お料理をつくっても、和菓子をつくっても、洋菓子をつくっても、恵那栗を使ったものであれば、地域ブランドの力が増すわけです。

そうして東美濃の食文化そのものがブランドになれば、生産者も、菓子店も、お料理屋さんも、小売店もみんなが潤います。だからこそ地元の栗農家と連携し、高品質の素材を栽培することがプロジェクトの根幹になるのです。

素材のブランド力を高めるために価格を上げる

地域素材のブランド力を上げるためには、素材自体の価格設定はとても重要です。超特選恵那栗の買取価格は今はキロ約一〇〇〇円ですが、将来的に小売りで一五〇〇円まで上げたいと考えています。キロ一五〇〇円までいけば、名実ともに恵那栗は日本一の栗となるでしょう。

国内の栗市場を見渡すと、依然として価格は低く抑えられています。東美濃でも栗菓子をつくる菓子店のほとんどは、いまだ他産地の栗を使っています。

しかし、ここ数年、栗の値に変化があらわれてきました。

超特選栗部会の技術が評価されるようになり、私たちは超低樹高栽培を全国に普及させています。北海道から四国、九州でも、超特選栗部会や農業生産法人のスタッフが指導しています。そうすると栗の品質が上がるため、必然的に値も高くなります。栗の値が高くなったことで、仕入れる業者から不満の声も出ているようです。

ですが、私が業者の方々に言いたいのは、「安い栗を大量に仕入れるのと、高品質の栗を高価格で買うのと、どちらが得か」ということです。

先日も、ある菓子組合の方が「栗なんて品質が悪いのが混じっているのは当たり前だ。うちは市場からキロ五〇〇円で買って、半分捨てているよ」と言っていました。

確かに、それはこれまでの菓子業者の「常識」でした。

けれども、半分捨てているということは、その菓子店ではキロ一〇〇〇円で買っているのと同じことです。当社は一〇〇〇円で買っているから、逆にいえば当社のほうが安いわけです。そのような無駄なことに気づいていないと思うのです。

菓子業者だけでなく、地方のさまざまな業種の業者の多くは「経営が苦しい」と嘆いています。原料も少しでも安く仕入れようと、他産地や海外のものを使いがちです。

しかし、**地元の素材の品質を上げて、その素材を高く買う仕組みづくりをすれば、おつ**

りが返ってくるのです。

当社が地元の栗を入れれば、近在の農家はまずガソリン代がかかりません。また、当社は極力、農家に経費をかけさせないようにしています。農家は市場に出すわけではないので大量の箱もいらないし、コンテナも当社が提供しています。

納品の段階では、JAひがしみのが窓口事務局として二パーセントほど引くだけです。あとは、市場価格の一・五倍から三倍の価格がそのまま農家の手元に入るわけです。

また、生産者が選果後処分していた栗を当社が買い取って、鬼皮を剥いてから選別（我々はこの方法を「新選別」と呼んでいます）すると、使える栗が三割ほど入っていました。これを甘露煮に加工して販売することで、さらに生産者の手元に入る金額を上げることができるのです。

こうして農家の所得が向上すれば生産意欲がわいて、品質はどんどん良くなります。栗の品質が良くなれば、当然、当社の栗菓子もよりおいしく高品質化されて売上げ増加につながります。

ですから、**地元の栗を高く買うということは、環境配慮や省エネから、農家の収入向上、地元素材のブランド力アップなどメリットがたくさんあるのです。しかも、最終的には自社の売上げ拡大につながってぐるっと回って返ってくるわけです。**

超低樹高栽培にしても、この仕組みに組み入れられた剪定技術といえます。

超低樹高栽培で太陽の光をいっぱい浴びて育った栗は、栗きんとんづくりに適した大きなサイズになります。逆にいうと、小さいサイズの栗を丸々使うようなお菓子の加工には、恵那栗は向いていないのです。

当社は、地元の農家と連携して高品質の栗を高価格で買い、商品を地元の文化として伝える体制を一貫してつくってきました。これは全部のプロセスが相互につながった仕組みで、はっきりいって、同じことをしようとしても簡単にできないはずです。

ですが、**ここまでやらないと地域をまるごと活性化は実現できないのです。**

全国の業者や団体の方々が、農商工連携による共同事業に苦労されているのは、農・商・工の事業をすべて有機的に結びつけるのが難しいからかもしれません。どんなに良い素材があっても、どんなに高い技術があっても、いくら意欲があっても、それだけでは連携体制はつくれません。

でしたら、**原点に返って、まず地元の素材をつくる人を幸せにするのです。つまり素材を高く仕入れ、品質を向上させるところから始めることをお勧めします。**

地域ブランドの品質の良さを伝える商品づくりとは

地域の素材を商品化するときにいちばん大事なのは、素材の品質の良さを活かした商品づくりをすることだと思います。

当社が、ただ単に地元の栗を使っているということだけを売りにしたいなら、そもそも超特選栗部会を発足させる必要もありませんでしたし、厳しい栽培条件や出荷条件を設けるなど、面倒な仕組みづくりをしなくてもよかったのです。もっと安い価格で地元の農家と契約し、それこそ半分捨てて加工していればよいわけです。

そうではなく、私たちはどこにも負けない高品質の恵那栗をつくり、それによって生産者も当社も地域も活気づくことを目指しました。

そのため、連携事業の最終形態となる商品も、おのずと素材の品質を重視したコンセプトのもと開発しています。とくに栗きんとんをはじめとする栗菓子は、恵那栗の品質向上にともなって、素材を引き立てる商品に仕上げることが最大の命題となりました。

よけいなものを加えずに、素材のおいしさだけで勝負しようとしたらごまかしが効きません。しかし、そこは農商工連携における商工の重要な役割です。恵那栗のおいしさをお

里長閑（春栗きんとん）

栗観世（夏栗きんとん）

栗きんとん（秋栗きんとん）

ひなたぼっこ（冬栗きんとん）

客様にわかっていただき、販売数を上げて、生産者に利益を還元するためにも、試行錯誤を重ねて商品のラインナップをつくり上げました。

当社では、現在、約二〇〇種類の栗菓子を提供しています。

第2章で述べたように、CAS冷凍システムによって秋に収穫された栗は新鮮なまま、栗のペースト「栗きんとんのたね」に加工されます。これが地元の風物を映し出した四季折々の栗菓子となって、お客様のもとに届けられるわけです。

代表的なものには、秋の栗きんとん、冬の「ひなたぼっこ」、春の「里長閑」、夏の「栗観世」といったお菓子があります。

秋の栗きんとんは、超特選恵那栗に少量の砂糖だけを加えて炊き上げ、一つひとつ手絞りで仕上げます。保存料などの添加物はいっさい使っていません。

冬の「ひなたぼっこ」は、市田柿の中にかたく炊き上げた栗きんとんをはさんでいます。柿にくるまれたように見える季節感のある栗菓子です。

春の「里長閑」というのは、白あんのつなぎに恵那の自然薯を使った練り切りで栗きんとんをくるんだお菓子です。自然薯は、県の「飛騨・美濃すぐれもの」にも認定されています。栽培は不可能といわれていた自然薯が、地元生産者の方の研究開発によって、恵那の畑で栽培されるようになったのです。この「里長閑」には、恵那の春の風景を練り切り

恵那川上屋の

農商工連携 ポイント②

連携基盤の整備

- 東美濃栗振興協議会（超特選栗部会）
- JA ひがしみの
- 農業改良普及センター
- 中山間地農業研究所

＋

目的

- 農業生産法人「恵那栗」

＋

- 他産地（栗栽培のノウハウの移転）

↓

商品開発

地元の素材を活かし、地元の風物を映し出す

（例）●春「里長閑」　●夏「栗観世」
●秋「栗きんとん」　●冬「ひなたぼっこ」

で模して配しています。

そして夏の「栗観世」は、泡を含んだ水生地（オリジナル泡沫《うたかた》生地）で栗きんとんを包んでいます。これは近くにきれいな川があり、子どもたちが勢いよく流れる水の泡をすくって遊んでいるのを見て、夏の栗菓子にあらわしたものです。

商品開発では、季節ごとに栗きんとんにふさわしい地元の素材を吟味し、姿形にも四季の風景を映し出すようにしました。当社の栗きんとんは、東美濃の菓子店のなかで売上げ上位に位置し、ほかの栗菓子も全国にお客様を増やしています。

こうして素材の品質の良さを伝える商品づくりによって、一企業の栗菓子のブランド化ではなく、恵那栗のブランド化を推し進めていったのです。

企業活動のミッションは「風味・風土・風景」

当社の事業は、恵那栗のブランド化によって、かけがえのないふるさとの食文化を伝承していくことを最大の目標としています。そして、それが自社の成長と進歩につながり、さらには地域の満足に通じると信じています。

こうした目標実現のためのミッションとなるのが「風味・風土・風景」です。

東美濃には、栗菓子の「風味（食文化）」があり、栗とそれをつくる栗農家という「風土（土、素材、人）」があり、青い恵那山の麓という「風景（芸術、感性）」があります。

当社の活動は、このミッションにすべて凝縮されています。

農商工連携プロジェクトでは、素材を地域ブランド化する事業の概念を発信するための言葉が必要です。地域の人々が共有でき、なおかつほかの地域の人々に伝わるキーワードが、地域ブランドにこめた価値をあらわしてくれるからです。

私が「風味・風土・風景」というミッションを思いついたのは、ブルボン川上屋に入社したころのことでした。

私は「東美濃を栗の里にしたい」と夢を描いていたものの、具体的にどうすればよいか悩んでいました。そのときふと思い出したのが、日本各地を旅したときの経験です。親戚の家などに寝泊まりさせてもらったりしたのですが、田舎に行くと、よくお茶と一緒においしい漬物が出てきました。

すごくおいしくて、おばさんたちに「これ、うまいね」と褒めると、「私のおばあちゃんのおばあちゃんから伝わる漬け方を教えてもらったんだよ」と言います。そのとき、あらためて「味というのはこうやって伝えられていくんだ」と気づかされたのです。

そうして旅を続けていたら、どんな田舎にも、農業と食文化と芸術（感性）がありました。日本中どこに行っても、畑や田んぼがあり、その地域のおいしい食べ物があり、楽しみもあるのです。

もともと「菓子」の起源は「果子」です。つまりお菓子は木の実や作物のことであって、それらは農家の人たちによって育てられています。また、栽培した「果子」を保存食にしたり、加工食にしたり、季節の楽しみとしてお祭りや行事にお供えしたことが地域の食文化として連綿と伝承されてきました。

農業、食文化、芸術は、どこの地方でも受け継がれています。私は、ふるさとを栗の里にするため、どのように事業を進めていくか考えていたときに、日本の各地を旅行して見た「風味・風土・風景」を不意に思い出しました。そして、これは企業の活動に置き換えても、きっと人の心に引き継がれていくと確信したのです。

商売は三代目で潰れるとよくいいます。そのころブルボン川上屋は、堅実な経営で業績を上げていました。だから、二代目を継ぐことは決まっていたとはいえ、父が築いたものをドスンともらうようで反発心みたいなものもありました。

しかし、**「風味・風土・風景」という概念が浮かんできたとき、東美濃の食文化をもう一度つくり直したいという気持ちがわいてきました。また、この取り組みは何代続こうと潰れないと思いました。**ならば、父が築いたものを活用させてもらい、自分の考えをもと

恵那川上屋の

農商工連携 ポイント③

風味

●ふるさとに伝承される食文化

風土

●ふるさとの素材とそれをつくる農家の人々

風景

●ふるさとの情景・風習・文化と感性

↓

企業活動のミッション

ふるさとに息づく「３つの風」を
次世代へと伝承するとともに、
新たなる創造にチャレンジしていく

にやってみたいと決意を新たにしたのです。二代目にも継ぐ理由が必要なのです。

現在、私たちのもとには全国から視察や問い合わせがきています。国や県からも、農商工連携の成功事例として選出していただいています。

ですが、**振り返ってみれば、農商工連携というのも後付けのようなもので、もともと原点からやり直したら、恵那栗のブランド化にたどり着いたのです。**

地域に昔から伝わる文化、食事、風習、昔話、生活。そのすべてをその時代のなかで受け継いでいくというのが、地域を活かし続けるということです。地域ブランドをつくる基本はそこにあります。

当社では、今もこれからも「風味・風土・風景」を企業ミッションとして大切にしていきたいと考えています。

古き文化をあたため新しき「三つの風」を吹かせる

地元の名産、恵那栗でつくる栗菓子を、私たちのふるさとの食文化として次世代に伝えていく。これが当社の使命と考え、栗農家の方々とともに、菓子加工業者の事業にとどまらない活動をしてきました。

私たちは、古き良き地域の文化を大事にあたためていきたいと思っています。

ただし、旧態にとらわれず、常に新しい感覚を取り入れて地域ブランドを育てていくことも必要と考えています。食文化の伝承と同時に、自分たちで創造し生み出していくということです。

ほぼすべての産業は、先人がつくったものを伝承しています。農業、漁業、林業、製造業、卸売業、小売業、飲食業、何でもそうです。これらの産業は大昔から営まれ、後世の人々は、先人がつくった仕組みにのっとって働き生きてきました。

ということは、新たな挑戦や改革をしなくても、ほとんどの産業は成立します。長い年月をかけてできあがった産業の形態に乗っていれば、リスクもなく、事業を存続させることができるのです。

しかし、既存のシステムに乗っているだけでは進歩も成長もありません。

私は、農業、加工、販売までをつなげる取り組みをしていくなかで、あるとき「風が吹いたら桶屋が儲かる」という言葉を思い出しました。

風が吹いたら埃が舞って、埃が目に入り目が見えなくなる人が増える。すると三味線を弾く盲人が増えて、三味線をつくるために猫が捕まえられる。猫が捕まえられれば、ネズミが増えて桶をかじる。それで桶屋が儲かるという話です。

これは面白い話で、マーケティングのノウハウがすべて入っています。**風が吹いたら最後に桶屋が儲かるといいますが、実は桶屋だけでなく、桶をつくる職人さんも、材木商も、材木を運ぶ人足も、木を切る木こりも、みんな儲かります。**

そうやってたどっていくと、たくさんの産業が儲かる流れができてきます。ネズミ捕りの器具が開発されたり、盲人を治療する医者が流行ったり、いろいろな業種が活気づいて大きなマーケットが生まれるわけです。

私は、この「風が吹いたら桶屋が儲かる」という言葉の意味をあらためて考えたときに、「桶屋だけには絶対にならない」と決めました。

なぜなら、桶屋がいっぱいできると価格競争になってしまう恐れがあるからです。すべての業種は、資本力がないところが潰れて衰えていきます。発展も拡大もなく、行き止まりのところで安売り競争をするしかないのです。

ならば、どの業種がよいのか？　桶をつくる職人さんか、三味線をつくる人か、猫を捕まえる人なのか？　あるいはネズミ捕りをつくる人か？

そのように考えていくと、**私は風の中心にいて「風を吹かせる」人になりたいと思いました。**

日本のどの地方にも「食文化・農業・芸術」が息づいています。私達はこれらを伝承するだけではなく、新たな「風」を吹かせよう。それが私たちの役目であり、当社のなすべき仕事ではないかと気づいたのです。

つまり、新しいものをつくろう、新しいものを導入しよう、新しい発想で前進していこうということです。リスクを恐れずに、誠実に、真摯に、挑戦しようという思想がそこに入っています。昔から伝わる郷土の文化を大切にしながらも、「風」を吹かせ、新たにつくり上げていこうという意味もこめられているのです。

「食文化・農業・芸術」に「風」を付け加えた「風味・風土・風景」に置き換え、現在この三つの風は、

風味（食文化）＝栗を中心とした地域の食文化を新たに開発し、地域の時間につながる店づくりや新サービス、新商品開発を繰り返し提供する

風土（農業）＝喜ばれる素材を発掘し、農業者の自信につながる関係性を深め、農業のあり方をともに追求し、素材仕入を永続安定的に確保する

風景（芸術）＝経験から学習した感性や、学んだ知識を、五感で感じ取り、内部統制を行い、イノベーションによる新たなマーケットを築いていく

という位置付けに進化しています。

「三つの風」の思想は、見えない風から見える風をつくり出す事業をしていくことが軸

となり、当社の血に脈々と流れています。生きている限り血流が流れ続けているように、当社の生命の源となっているのです。

第3章のポイント

- マーケットインにより超特選恵那栗の質の向上と高値を維持
- 栽培から加工、販売までの一貫生産を行うため農業法人を設立
- お客様が思う価値を生産者が理解する

第4章

東美濃から全国へ
地域素材のブランディング

つくりあげた仕組みを他地域で展開

地域素材のブランディングを他産地へ

恵那川上屋は、創業以来、数回にわたる社名変更をしています。最初に私の父が「恵那川上屋」の屋号で和菓子店を開業。のちに洋菓子の製造も開始し、有限会社「ブルボン川上屋」の社名で会社組織になりました。

やがて超特選恵那栗の生産量と当社の売上げが伸びていったころ、二〇〇一（平成一三）年に株式会社「里の菓工房」と変更しました。「里の果実をお菓子に変えて提供する」という意味が込められています。

さらに当社のさまざまな取り組みがある程度の成果を上げたところで、二〇〇八（平成二〇）年に株式会社「恵那川上屋」として新体制をつくったわけです。

恵那川上屋→ブルボン川上屋→里の菓工房→恵那川上屋。この変遷は、当社の事業内容の変化をそのまま表しているともいえます。

このうち里の菓工房という社名のコンセプトは、当社の企業精神の基本をなすものとして、今でも私たちの事業の支柱となっています。農家と当社の連携が強化されていくなかで、ブルボン川上屋から里の菓工房へと名を変えたのは、いうなれば**「地域素材のブラン**

ディング」を社名にして表明したのです。

第1章で述べたように、私はそのころ恵那栗のブランド化を進めるとともに、他産の素材を地元のお客様に提供するため、全国の農地を訪ね歩いていました。

隣県の長野県から、北海道、沖縄まで。あちこちの農家の方々と触れ合い、良質の素材を探し回っているうちに、「その地域の素材を使ってどういう商品をつくればよいか?」といった相談も受けるようになりました。私は菓子加工業者ですから、行く先々で「うちにはこんな素材がある。これでおいしいお菓子をつくれないだろうか?」という質問を受ける機会が多くなってきたのです。

それは超特選栗部会が発足したのち、連携事業が順調に進展していったころです。

私たちは、農業・加工・販売をひとつにつなげ、栗菓子というかたちで地域の食文化を発信していました。「地の素材を、地で加工し、地で販売する」体制づくりは軌道に乗って進んでいました。

折しも他県で「うちでも栗を栽培してみたい」とか「こういう素材で良い商品をつくりたい」という声を聞き、私は**「東美濃で培ったノウハウを活かして、他産地でもお手伝いができるのではないか」**という考えが浮かんできました。

そして、各地の農家や行政の方たちに、栗栽培や商品づくりのアドバイスをしながら、ほかの地域にも共通する仕組みの構築を思い描きました。

それが「栗人」というコンセプトになったのです。

地域活性化のコンセプト「栗人《くりうど》構想」

栗人構想のプロジェクトを進めていくうえでは、当社の広告を担ってくれているデザイナーの存在は大きなものでした。

コンセプトの設計から、構想を形にするまで、私の言葉やアイデアをくまなく汲みとって創り上げてくれました。地域活性化事業では社内でも社外でも構いませんが、イメージを具体化して表現し、発信し、外部の地域と橋渡しをしてくれるブリッジパーソンと呼ぶ存在が必要です。そういう意味では、彼は栗人構想のスタートにあたって、重要な役割を果たしてくれたのです。


栗人構想というのは、「地域（里）の素材（菓）を、地域の人々が地域で加工し、地域のお客様に喜んでいただく」という発想が原点です。

地域の素材を使った安全で安心な商品を提供し、地域の方々に満足していただく。その喜びが人から人へと伝わり、生産者から消費者まですべての方が喜べる仕組みづくりを理

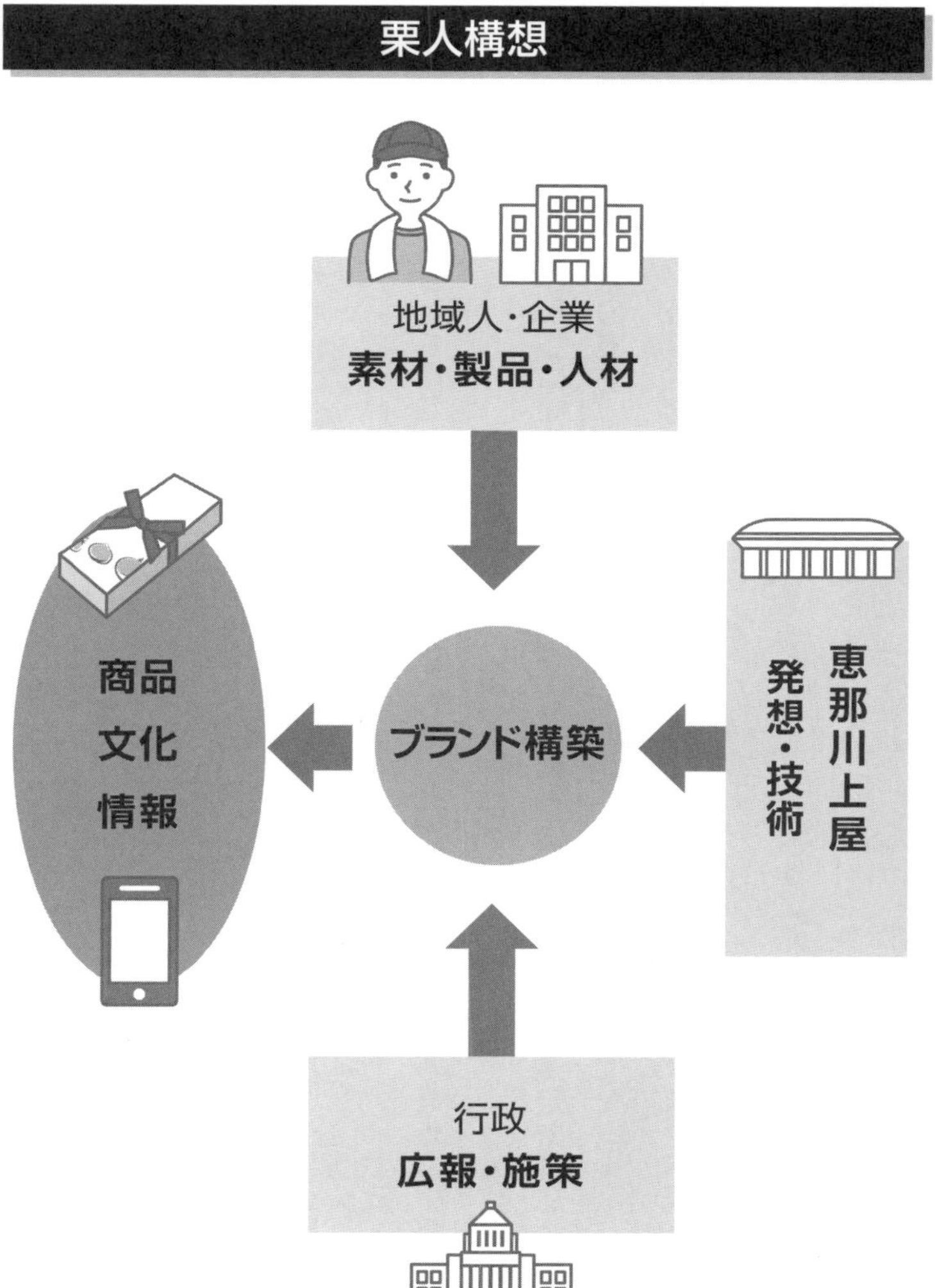
栗人構想
地域人・企業
素材・製品・人材
商品
文化
情報
ブランド構築
恵那川上屋
発想・技術
行政
広報・施策

想としています。

当社は、東美濃の農家のみなさんと連携して、栗人構想を推進してきました。これは東美濃の栗に限らず、ほかの地域のどんな素材のブランド化にも活かせるコンセプトです。社名が里の菓工房となったころから、当社では、ほかの地域への発想と技術の伝達にも取り組み始めました。

たとえば、ほかの地域に眠っている素材を見つけ、自社の和洋菓子開発に活用すべく、それらの素材を納入して商品化します。それとともに、当社の技術やノウハウによって素材を地域ブランドとして育て上げるお手伝いをします。また、地域発展のための広報活動など、行政からも協力していただくことで、素材や商品の販路を開拓していきます。このようにして**地域がひとつになるシステムをつくり、携わる人々すべてが満足できる地域活性化事業に着手したのです。**

そうした取り組みが実を結んでひとつの完成形となったのが「信州里の菓工房」と「種子島里の菓工房」です。

これは、どちらも現地に当社の工房があり、地域の素材を地域で加工します。信州では信州伊那栗をはじめとして、りんごや柿やあんずなどの素材を使ったお菓子がつくられています。種子島では、品質の良いサトウキビからつくる黒糖を加工しています。

信州でも種子島でも、当社は、現地の生産者のみなさんと信頼関係を築くことから始めました。

信州の場合は、信州伊那栗の栽培を促進させるために、超特選栗部会の農家の方々が指導、協力していています。種子島の場合は、逆に砂糖づくりの専門家の方に教えを乞いました。

そして当社からは、その地域の食文化に着目して、すぐれた素材とともに地域に浸透させる方法を提案しています。それによって、里の菓工房の存在そのものが地域おこしの一助となることを目指しているのです。

収穫期には、信州里の菓工房と種子島里の菓工房では、新鮮な素材がフル稼働で加工されていきます。また、恵那峡の工場には信州や種子島ほか、全国の契約農家からさまざまな素材が次々と納入されてきます。

こうして、全国のそれぞれの土地で農家の方々が心をこめて育てた素材を当社の職人がおいしいお菓子につくり上げます。また、そのお菓子を食べてくださったお客様の声を、栽培農家の方々へ伝えて糧としていただきます。

このサイクルができることで、素材に関わるすべての人が喜ぶ循環が生まれるでしょう。

栗人構想によって、全国の農地に歓喜の大きな輪がつながり、農業の活性化を助長する可能性をも含んでいるのではないかと思っています。

アルプスの麓に生まれた「信州里の菓工房」

信州里の菓工房は、二〇〇九（平成二一）年にオープンしました。

透明な水と空気に恵まれ、二つのアルプスに囲まれた長野県上伊那郡飯島町。ここに工房と店舗を構えています。工房で南信州の素材をふんだんに取り入れた和洋菓子が加工され、それを店舗で地元のお客様に提供しているのです。

南信州はアルプスの雪解け水が田畑をぬって流れ、土壌が豊かで、果実が豊富に採れるところです。私たちはもともと、この一帯の農家から、柿、くるみ、りんご、あんず、も、なしなどの良質な作物をお菓子の素材として仕入れていました。

そのころ当社では、生産者の高齢化によって遠からず恵那栗の生産量が頭打ちになることが予想されていました。私は、契約農家を増やすため、岐阜県内のコミュニティセンターなどにほかの作物を栽培している農家の方々に集まってもらい、「栗を植えてもらえませんか」とお願いして回りました。

ところが、集まってくださったのは、ほとんど七〇歳前後の方たちです。

「収穫できるまで何年かかるのか？」と聞かれ、「苗を植えてからおいしい実が生るまで最低四年、五年はかかります」と答えると、「そりゃあ無理だ」という話になってしまうわけです。結局、岐阜県では恵那市の隣の瑞浪市と、あとほんの一部の農家が超特選栗部会に参加してくれただけでした。

当社の栗菓子の販売量は伸びており、このままでは恵那栗の生産量が追いつかなくなるのは明白です。どうしようかと悩んでいたときに、長野県の下條村という干し柿を仕入れている村に行く機会がありました。すると、そこで何も植えられていない六千坪ほどの団地化された土地が目に入りました。

私は、何気なく「ここに栗を植えてくれないかなあ」と言ってみたら、なんと即座に農家の方々が乗ってくれたのです。一〇数人の方が、団地に栗を植えてくれました。

あっ、長野県でいけるかもしれない。

そう思った私は、素材探しをかねて南信州のあちこちを歩き、南アルプスを望む飯島町にやって来ました。行政の方々と話をしてみると、みなさんは果実の栽培で養った高い技術を有していることが伺えます。「ここだ！」とひらめき、さっそくＪＡを含めた役場の各部課長に集合していただきました。

私が、行政の方たちに「栗の木を植えてもらえませんか？」と話していたら、町長さんが出てきました。そして、町長さんの「よしわかった。飯島町で栗人構想をやろう」という一声で話がとんとん拍子にまとまってしまったのです。

ちょうど飯島町では、そのとき栽培作物の見直しをしていたようです。そういう意味ではタイミングも良かったのですが、ここ飯島町で一気に栽培が始動したのです。

「信州伊那栗」を南信州の食文化として伝える

飯島町での栽培が順調に運んだのは、町長さんが先頭に立って動いてくださったからです。役場の職員に指示を出して、どんどん事業を進めてくれました。

では、どれくらいの規模で新植していけばよいのか。

超特選恵那栗の年間生産量は一〇〇トンに達していましたが、すでに生産者の高齢化のため伸び悩んでいました。栗菓子の加工には二〇〇トン必要で一〇〇トン不足しています。

私は「一〇年後に五〇トン収穫できるだけの栗の木を植えてください」とお願いしたら、一年間で約七〇名の農家の方々を集めてくださいました。

また、飯島町では自治体が農地を管理しています。そのため、農業に対する独自の行政改革を確立しており、休耕地などをさっさと割り振ってあっという間に栗畑ができていったのです。

これは当社にとって本当にありがたいことでした。

通常は、他県の菓子業者が「高価格で全量買い取りますから栗の木を植えてください」と依頼するには、個別にその地域の生産者と交渉するしかありません。しかし、飯島町では町長さんが旗振り役になってくださったおかげで、約七〇名もの農家の方々が参加してくれました。飯島町の例は、行政が栗人構想に共感してくださり、積極的に関与してくれると円滑に事が運ぶ好例といえるでしょう。

飯島町では「『北の小布施、南の飯島』と呼ばれる栗の産地にしよう！」が合言葉になりました。

長野県北部の小布施町は、古くから栗の産地として知られています。小布施の栗に負けないほどの一大産地にしようということで、プロジェクトが動き出したのです。

栽培技術に関しては、塚本實先生、農業生産法人「恵那栗」のスタッフが、超低樹高栽培の指導に出向いています。もともと飯島町のみなさんは、長年の果樹栽培のノウハウがありますから、たちまち栗栽培の技術を習得されました。

こうして栽培された栗は「信州伊那栗」と名づけることにしました。

同じ超低樹高栽培で育てられていますので、超特選恵那栗の姉妹ブランドという位置づけになります。上伊那郡飯島町と、下伊那郡下條村も含め、「伊那の地から、南信州の食文化として次世代に伝えていこう」という夢をこめて、信州伊那栗のブランド名を冠したのです。

豊かな自然に恵まれた伊那谷で新たに植えられた栗の木は、一年、二年、三年と枝を伸ばし、現在では五〇トン以上の収穫があります。

長野県での生産は、最終的には一〇〇トンまで目標値を決めています。「飯島町の北、伊那市あたりまで産地を拡張したい」という話をＪＡに伝えてあります。そうすれば、南信州が信州伊那栗の広域名産地となるのも夢ではないでしょう。

長野県の南信州では今、飯島町と下條村で約九〇名の栽培農家のみなさんが信州伊那栗という地域ブランドの創造に励んでおられます。地域の農家の方々も当社も、どちらも喜びを手にできる幸運な出会いだったのです。

店舗も併設して地域の商品を地域の人に提供

ところで、飯島町で町長さんと「栗人構想をやろう」とお話ししたときに、私たちは五年後に加工所をつくる約束をしています。

当社サイドが技術支援をし、信州伊那栗という地域ブランドをつくる。そして、栽培された栗を当社が納入する。それが飯島町と当社の契約です。

ただし、それでは南信州でつくった栗を東美濃に右から左へと運ぶだけになってしまいます。そこで町長さんと、収穫が見込める五年後に、飯島町に加工所を設立しようという話を決めていたのです。

産地に当社の加工所があれば、地域のなかで栽培から加工までの仕組みができます。最初は当社の職人が行くにしても、いずれ地元の職人が育てば、雇用の創出にもつながるでしょう。だから、土地を探して工房の建設を進めていたわけです。

ところが、私のなかでふと疑問がわいてきました。

栗人構想というのは、「地域の素材を、地域の人々が地域で加工し、地域のお客様に買っていただく」という発想がもとになっています。

当社はこの構想にのっとり、東美濃において、恵那栗のブランド化と栗菓子の販売を展開してきました。にもかかわらず、コンセプトの基本を忘れかけていたのです。

伊那栗を飯島町で加工して、それを恵那市に運んで商品化して売るのは違うんじゃないか。せっかく伊那栗が生まれて育ったのに、加工した商品を地元の人に買ってもらわないと意味がないいんじゃないか。そう思い始めたのです。

それで急きょ予定を変更して、工房と隣接した店もつくることにしました。

そして、町長さんとの約束通り五年後、販売店舗をかねた工房、信州里の菓工房が開業したわけです。

アルプスの山並みが広がる青空のもと、白い清潔な店舗が建っています。

工房には、季節ごとの地産、他産の素材が運び込まれ、おいしい和洋菓子に仕上げられます。

秋になると、朝、収穫された信州伊那栗が工房に続々と入ってきます。それをすぐさま加工し、CAS冷凍システムで新鮮なまま保存。工程は、恵那の本社工場とまったく変わりありません。

信州里の菓工房がオープンしたのち、飯島町の農家の方々がしょっちゅう店舗を訪れるようになりました。毎朝、毎夕、店に来て「どうだい？　栗のお菓子、売れている？」と聞いてくださるのです。私は、農家の方たちにたずねてみました。

「どうです？　あなたの店という実感がしてきたんじゃないですか？」

「実感してきたよ！」

みなさん、嬉しそうに答えてくれます。農家の方々のこの言葉を聞くと、店舗をつくった甲斐があったと思いました。同時に、東美濃の農家の方々が、栗きんとんを自分たちがつくったお菓子のように宣伝してくださったこともよみがえってきました。

恵那川上屋の

地域素材のブランディング ポイント①

南信州へのアプローチ

- 恵那栗の生産量の不足から
  長野県（飯島町・下條村）に産地拡張をはかる

↓

技術の提供

- 自治体の協力により効率的に農地と生産者を確保
- 超特選栗部会による超低樹高栽培の技術指導

↓

信州伊那栗の栽培を開始

↓

地域ブランドの構築

- 信州里の菓工房開業
- 工房：地元の素材を地元で加工
- 店舗：地元の商品を地元のお客様に提供

信州里の菓工房は、栗人構想の理想的なモデルケースといってよいと思います。生産技術の移転から、栽培、加工、販売まで、当社のノウハウを普及させるプランがひとつのかたちになりました。現在では一〇〇人近くの関係者が携わっています。

当社は、これからもお客様と農家の方々の架け橋となり、地域のすべての人々が喜べるシステムを全国へと広げていきたいと思っています。

お菓子づくりに不可欠な「自然な砂糖」を求めて

栗人構想を普及すべく、信州里の菓工房にさきがけて設立したのが種子島里の菓工房です。こちらは二〇〇六（平成一八）年から稼働しています。

私が初めて種子島に渡ったのは、一九九九（平成一一）年のことでした。お菓子づくりの主原料である砂糖の調査のため、沖縄から北上し、たどり着いたのが種子島だったのです。

栗きんとんを筆頭に、お菓子づくりに不可欠なのが砂糖です。

当社は、すべてのお菓子づくりにおいて、素材の持ち味を引き立てることを旨としています。素材の風味を損なわないためには、甘味だけを添加するのが大原則です。したがって、当社でも極限まで精製された白砂糖をそれまで使ってきました。

しかし、超特選恵那栗の品質が向上されるにつれ、砂糖についてもこれでよいのかという問題が浮かび上がってきました。

素材ばかり重視していたけれど、じゃあ、砂糖は本来もっている風味や栄養を除去した白砂糖を使っていてよいのか。砂糖もできるだけ自然で、しかも素材の持ち味を活かせるものはないのだろうかと思い始めたわけです。

そこで各産地の純黒糖を食べ比べて、種子島に行き着いたのでした。たくさんの南の島を訪れたなかでも、種子島は昔ながらのサトウキビの栽培技術や製糖方法などのノウハウがしっかりと受け継がれています。とくにサトウキビの品質の良さと、栽培、収穫をするみなさんの誠実な姿勢に心を打たれました。

種子島西之表市の沖ヶ浜では、初めて黒糖づくりを目にしました。

サトウキビの収穫期になると、手作業で刈り取られたキビは製糖所に運ばれ、圧搾機にかけられて糖汁が搾り出されます。搾り出された糖汁は、一段目から三段目へと窯を移しながら灰汁とりをし、煮詰められていきます。三段窯方式で次の窯に移すたびに、不純物は沈殿し上澄みが移されて、純度・濃度が高まっていきます。

そして煮詰まり具合を見て、攪拌用鍋に移します。これは「とりあげ」といい、温度の加減やタイミングが難しくカンを要する作業です。

次に攪拌用鍋に移したら、攪拌しながら糖汁に空気を含ませて適温に冷まします。これを型に流し込み、冷却したのち枠からはずします。これで黒糖の完成です。

私は、この工程を見せてもらい、自分たちの手で砂糖をつくりたいという思いがわき上がってきました。

黒糖はサトウキビの栄養をたっぷり含んでいるので、お饅頭など、自然で安心なお菓子づくりに活用できます。ただし、黒糖はクセがあるため用途が限られます。たとえば、栗きんとんに使うと、超特選恵那栗の香りが消えてしまうでしょう。

ならば、黒糖を自分たちでつくりながら、灰汁とりをさらに丁寧に進め、クセのない砂糖がつくれないものか。こうして種子島里の菓工房を構えるにいたったのです。

製糖所をかねた「種子島里の菓工房」の誕生

種子島里の菓工房は、自社で砂糖をつくるための製糖所として設けることにしました。ただし、黒糖の製法というのはなまじっかで身につくものではありません。

種子島では、熟練の技が必要な製法を用いています。ベテランの棟梁の方々でも、一人前になるまでには一〇年くらいかかったそうです。

ですから、里の菓工房をつくるにあたって、まずは技術の修得をしなければなりません。私はサトウキビを栽培し、絞る機械と炊く設備を持ち、炊き上げる技術を修得している人物を探しました。

私は当時三〇歳を過ぎた頃で、「よそ者・若者・ばか者」の三拍子を兼ね備えていました。一般的に、地域創生は「よそ者・若者・ばか者」によって引き起こすもの、といわれますが、ただこの思いだけでは人はなかなか受け入れてくれません。つまり「内なる、年を重ねた、知恵ある住民」と行動しない限り、誰も信用してくれません。

私は種子島開発総合センター鉄砲館の館長へ「一緒に探してもらいたい」と協力を仰ぎました。探し始めて四日目にその人物と出会い、当社の職人たちは島に通いつめて砂糖づくりを伝授していただくこととなりました。

当社に協力してくださったのは、西之表市でサトウキビを栽培する竹之内和香さんでした。

竹之内さんは、サトウキビの原種といわれる昔ながらの大茎種という品種を無農薬で栽培されています。製糖のことを「砂糖を締める」といい、大茎種は締めるのが難しいとされていますが、ご自分の製糖工場で大茎種から黒砂糖づくりを続けてこられた方です。

責任者は、当社の和菓子づくりをたばねる桑島崇夫です。

彼と数人の職人は毎年、サトウキビの収穫期の冬になると種子島に渡っています。こうして、私たちは古くから伝わる黒糖の製法を学ぶことから始めたのです。桑島は、この竹之内さんに師事したのです。

私は私で、やはり冬は種子島に行き、市長さんや棟梁のみなさんと交流を深めるようにつとめました。里の菓工房を他地域で開設するには、地元の方々との信頼関係がなくてはなりません。島の各地域を巡り、製糖の歴史についてお聞きしたり、いくつかの製糖工場を視察させていただきました。

やがて、桑島らが冬期に種子島に常駐するようになって約七年。

当社は、いよいよ里の菓工房を設立することになりました。設立するといっても、大きなサトウキビを扱う製糖所ですから、まさしく工房といった趣の建物です。地元の方々の協力をいただいて、自分たちで手づくりで建ててしまいました。

私はこれを「健全な赤字部門」と位置づけています。砂糖をつくっても利益は出ないし、多くの人手を要してしまいます。しかし「育てる」という「資源」を蓄積し、繰り返し投資することで、後に利益構造が確立できるようにしているのです。

工房の稼働後は、地元の農家と契約し、収穫されたサトウキビが運び込まれてきます。

工房では、現地の新鮮なサトウキビを使い、黒糖の生産および新規の開発にも取り組んでいます。品種や精製法を研究し、黒砂糖からクセのない新砂糖をつくり上げようと日夜励んでいるのです。

種子島里の菓工房で製糖された黒砂糖を使った商品は、すでにたくさん生まれています。サトウキビを搾って煮詰めた原糖の「長寿原糖」。これは飴色の四角い砂糖のかたまりで、お菓子として切って食べるほか、お料理にも使えます。また、黒糖をふんだんに使った「蒸饅頭」や「焼饅頭」から「黒蜜葛切」「本練羊羹」「花林糖」など。地元恵那市では手に入らないミネラルがいっぱい含まれた黒糖を使ったお菓子を、恵那峡本店ほか直営店で提供できるようになりました。

現在も桑島は、毎年シーズンになると種子島に黒砂糖をつくりに行きます。

現地スタッフとして、地元の若者も入社しました。当社から出向している若い職人たちは、私と桑島が徹底して、最後までやりきらせる、何があってもあきらめない教育を叩き込んでいます。ですから、彼らはすごく力をつけてきました。これからは彼ら若い職人のアイデアで、南の島からさまざまな商品が開発されるでしょう。現在当社では、製糖業務を行うことができる職人が八名おり、そのうち砂糖杜氏（三年以上製糖業務に従事した職人）が五名います。

種子島の新鮮な産物を商品化して全国へ発信

種子島里の菓工房は自社の製糖所であり、今のところ店舗は併設していません。栗人構想によって、他地域の素材をブランドとして構築していくときには、それぞれの地域に合ったプランを練る必要があります。

そのとき大事なのは、地元の人は「地元のものをそんなに食べたいわけではない」という大前提です。

東美濃でも、地域の人々は昔からある栗きんとんを毎日のおやつに食べようとは思いません。かたや南信州では栗文化がもともとあったわけではなく、一から信州伊那栗というブランドをこれからつくろうとしています。ですから、まず地元のお客様に伊那栗の栗菓子を知っていただくためにも、店舗を設置したわけです。

それでは、種子島はどうかというと、こちらは製糖の長い歴史をもっています。ということは、地元の方々にとって、黒糖を使ったお饅頭などのお菓子はことさら珍しいものではないのです。

でしたら、種子島ではどのような商品を店舗で地元の方々に提供すれば喜んでいただけ

恵那川上屋の

地域素材のブランディング ポイント②

種子島へのアプローチ

●白砂糖にかわる自然な砂糖を入手するため良質のサトウキビを栽培する種子島へ

↓

黒砂糖・商品化への取り組み

●黒砂糖の加工と新砂糖の開発を模索
●自社製糖所の設置を決断
●現地の匠に製糖技術を師事

↓

地域素材を全国へ発信

●種子島里の菓工房開設
●地域素材（黒糖・安納芋等）を使った商品を直営店から全国に販売

るのか。それを今、模索しています。地元の方たちが外に自慢できるような黒糖の商品を当社が提案し、なおかつ店舗では他産の素材でつくった目新しい商品をお売りする。そのような構想を考えているところです。

現在は黒糖・安納芋などをいただき、商品化して東美濃から全国へと伝える取り組みを行っています。

種子島には、安納芋など多くの産物があります。これらを使ったロールケーキや寒天、ゼリーなどの商品を開発し、直営店での販売およびインターネットなどで全国のお客様にお届けしているのです。

とくに安納芋は、いろいろなお菓子に汎用できるすぐれた地域素材です。

中国から琉球を経由して伝わった甘藷は、さつまいもと呼ばれていますが、甘藷の栽培をいち早く始めたのは種子島であって、安納芋はさつまいものルーツといえます。

これは食べてみるとビックリされると思いますが、生芋の状態でも、糖度が一五度というとても甘い芋です。近年はそのおいしさが注目されて、生産が追いつかず「幻の芋」といわれるほどの人気となっています。そのため生産拡大がはかられ、バイオテクノロジーの技術を駆使して大量生産化されつつあるのです。

種子島里の菓工房では、契約農家のみなさんにお願いして、栽培と追熟に伝統の方法を取り入れていただいています。

収穫した芋を吊り下げる保存方法は、四〇日ほど時間がかかります。ですが、この提げ芋方式で保存すると、でんぷん質がじっくり糖化して自然な甘みが増すのです。手間をかけて熟成した芋は、工房に導入した窯で焼き上げられ、現地で焼き芋の状態にして出荷します。また、東美濃の直営店では、焼芋スイートポテトや芋ようかん、芋ぷりんといった商品のかたちにして、伝統的な安納芋の味覚を提供しています。

私が初めて種子島を訪れてから二二年が経ちました。

工房を構えることができたのは、よそ者であるにもかかわらず、当社の理念を理解して受け入れてくださった島の方々の大らかさ、あたたかさのおかげというほかありません。とくに今でも私たちの大切な相談相手になってくれている竹之内幸二さんご家族には感謝しています。

恩返しをするためにも、これまで培ってきたお菓子づくりや販売の知識をもって、種子島の素材のすばらしさを広めていきたいと思っています。

海を越え栗を通してスペインの老舗栗加工会社と地域交流

さて、栗人構想を日本各地で展開していくなかで、スペインの製菓会社と進めている世界交流についても触れておきたいと思います。

私は安全でおいしい素材を求め、国内を回りつつ、お菓子の視察と素材探しをかねてヨーロッパにもたびたび足を運んでいます。

二〇〇七（平成一九）年一一月、スペインのガリシア州オウレンセ市に行きました。その地はポルトガルと接するスペイン西部に位置し、高品質の栗の生産地です。ここでは毎年、栗とワインの収穫祭「マゴスト」が開かれています。マゴストは四〇〇年以上も昔から続くお祭りで、ヨーロッパ中から観光客や生産者、加工業者が集まります。

私の頭には「いつか将来は海外に栗きんとんを紹介したい」という夢も生まれていました。そこで足がかりをつくるため、栗とワインの一大イベントであるマゴストに参加するとともに、現地の老舗栗加工会社ホセ・ポサーダ社を訪ねたのです。

ホセ・ポサーダ社は、ガリシア地方の栗を使ったマロングラッセを製造しています。地元の新鮮な栗を砂糖とバニラで漬け込んだシンプルなマロングラッセは、素材の風味を凝縮した味わいです。しかもホセ・ポサーダ社は、素材の品質と安全性はむろん、栗の文化や食の伝統を大切にしている会社でした。

ホセ・ポサーダ社の社長に会い、栗きんとんを食べていただき、私たちの栗やお菓子に対する思いを伝えました。地域の栗文化を栗菓子というかたちで伝承している者同士、たちまち相互協力を実現していくことで一致。さっそく記念商品として、ホセ・ポサーダ社の「マロンス・アル・ブランデー（栗のブランデー煮）」と「恵那栗の渋皮煮」の詰め合わせをつくり、交流が始まったのでした。

翌年の二〇〇八（平成二〇）年七月、マロングラッセの輸入開始、スタッフが現地に行き交流、そして九月にホセ・ポサーダ社の専務が来日、恵那市役所に市長を訪問し、「栗を通して地域ぐるみの交流をしたい」とのメッセージを伝えてくれたのです。

ポサーダ専務の来日から約五カ月後、二〇〇九（平成二一）年二月には社長が直々に来日して、恵那市長に交流を継続していくことを再確認しました。

そして一一月、当社はヨーロッパのグルメフードショーに出品することになりました。これはヨーロッパのレストラン経営者やシェフらでつくる「ガストロノミー協会」が主催し、食品の加工・製造業者や販売会社やバイヤーが集結して、ヨーロッパ全土の多種多様な食品のテイスティングが行われる大きなフードショーです。二〇〇九年はスペインが開催国となっており、またポサーダ社長がガストロノミー協会理事であったため、当社も参加するきっかけをつくっていただいたのです。

会場では、当社の職人が栗きんとんの加工を実演しています。ヨーロッパのお菓子は糖分の多い、濃厚な味が伝統です。栗きんとんの淡い甘さが受け入れられるかどうか心配でしたが、上品な味と高い評価をいただきました。

さらにホセ・ポサーダ社のあるオウレンセ市役所でも、栗きんとんの加工の実演、恵那栗を使った栗菓子の試食を市民の方々にしていただいたところ大好評でした。ヨーロッパには、栗きんとんのような練り菓子は少ないせいか、どこでも大変な反響があったのは嬉しい驚きでした。

私たちがスペインから帰国してほどなく、一一月末には恵那峡本店の駐車場スペースで「青い山脈のふもと栗の里豊年謝恩祭」を催しました。

これはマゴストにちなんだ栗のお祭りを開催しようということで、スペインの焼き栗や、お祭りオリジナルの栗菓子も、地元の方々に味わっていただきました。

ホセ・ポサーダ社と当社は、ゆくゆくは生産農家や市民同士の交流も進めていきたいと考えています。現在はマロングラッセと栗きんとんの詰め合わせ、スペインのアーモンドケーキほか、ホセ・ポサーダ社とのコラボレーション商品とオリジナルペーストの開発に

栗山

栗一筋

焼モンブラン

ホセ・ポサーダ氏

より、新たなモンブランを販売。そのうえで企業間の提携にとどまらず、地域まるごと連携協力し、おたがいの栗文化が海を越えてつながっていければと構想を広げているのです。ホセ・ポサーダ社との交流によって、栗を愛する人々の輪は世界に伝えられるという感触を得ることができました。また日本のお菓子は、世界でも通用する可能性があるのではないかとも感じました。

当社の栗人構想は、国内で少しずつ成果を上げつつあります。将来、日本のお菓子を世界に発信していくためにも、そのベースとなる国内の良質の素材づくりは不可欠なものとの思いを新たにしています。

世界に通用する日本の農産物づくりを目指して

私が今、もうひとつ頭に描いているのは、世界に通用する農産物づくりです。

ホセ・ポサーダ社との交流から、日本のお菓子が海外で受け入れられる手ごたえをつかむことができました。それに加えて素材自体も、高付加価値の産物として輸出できれば、全国レベルでの地方活性化の実現が期待できるのではないでしょうか。

食の安全性、素材の自給率、どこで誰がどのようにつくったのかわかるトレサビリティ

恵那川上屋の

地域素材のブランディング ポイント③

栗人構想の展望

●超特選恵那栗のブランド化により
「地域の素材を、地域で加工し、
地域のお客様に喜んでいただく」を実現

↓

世界的な農業の問題

●素材・食材の安全性への不安や疑念
●トレサビリティへの希求
●環境意識の高まり

↓

地域素材を全国へ発信

国内農業の連携基盤を整備したうえで、世界に通用する和栗などの農作物を生産し、商品をつくる

地域素材を輸出

スペインやフランスのシェフたちが和栗を使用することで、農家の自信につながる

への欲求、環境意識の高まり。こうした農業の問題は世界共通です。であるなら、日本の国産栗などは、世界に自信をもって送り出せる産物となり得る可能性が大いにあります。値は少々高くても、高品質で安全で安心できるブランドとして、世界に発信するだけのポテンシャルをもっていると思うのです。

世界に打って出るなんて、ずいぶん壮大な夢だと思われるかもしれません。しかし、人も組織も、進化しようと努力するところに大きな価値があるはずです。進化しようと踏み出さなければ、一歩も進みません。

栗栽培だって一年、一年と枝を伸ばし、結果がはっきり出るのは一〇年後なのです。もし私が世界に届かなくても、今ここに足跡をつくっておけば、次世代の日本人がいつか実現してくれると信じています。

そのために当社は、全国の素材の発見や再生にも力を尽くしていくつもりです。

日本人には美点がたくさんありますが、足の引っ張り合いをしがちな欠点もまままあります。すべての生産者から消費者まで、川上から川下までみんなが喜ぶ仕組みを構築できれば、この国の産業はもっともっと発展できるでしょう。

市区町村や都道府県の境など小さな問題です。全国的な農商工連携、栗人構想のコンセプトが必要な時代がやって来たのではないかと思います。

価値の交換

これまでの市場経済は「お金」と「モノやサービス」の交換が行われてきました。高度成長時代には最も必要だった資本の原理です。しかし経済が衰退しかけている日本では、教育においても「競争の原理」を教えることはありません。また、チェーンストアの拡大戦略も人口減少によって暗礁に乗り上げることになるでしょう。これからの経済活動は、それぞれが育て上げた「価値」資源をいかに有効に活用し、「交換」し合うかにかかっていると思います。ＰＯＷＥＲ（パワー）からＬＯＶＥ（ラブ）へのシフトは、必ず顧客の購買動機にもなるはずです。

「価値の交換」に気が付いた最初のきっかけは二〇一一（平成二三）年の東日本大震災です。全国青年部のメンバーとともに気仙沼市の友人を訪ね、現地の体育館で一緒に寝泊りしたときのことです。現地の子どもに読み聞かせを行うボランティアの女子大生がいたのですが、読み聞かせの最中に子どもが「にこっ」と笑った瞬間、彼女の目には涙があふれていました。「元気になりたい」子どもと「親が行方不明となっている子どもを元気にしたい」女子大生の価値が交換された瞬間でした。

二〇一六（平成二八）年に発生した熊本地震のときも、熊本県益城郡益城町に友人が住んでおり、現地へお見舞いに行きました。電柱は数キロにわたって傾き、道路はぐにゃぐにゃで建物の損傷は激しく、民家のほとんどの屋根に青いビニールシートがかかっていました。とても見てられないほどの状態の中、そのとき彼が言った言葉は、「こんなことは二度と日本で起こってほしくない、二度と起こらないようにするためにもこの状況を見てほしい」でした。

その数日後、岐阜県内で行われた建設屋の会合で講演を行ったのですが、震災の後で気持ちも複雑だった私は、冒頭の挨拶で「皆さんは熊本地震発生後に熊本へ行きましたか？地元の人は『こんなことは二度と日本で起こってほしくない』と言っていました。皆さんは行政や企業の入札で仕事を取り、『いかにコストを抑えて建設するか』を考えていると思います。しかしこれからの家は『壊れないという価値』を人々は求めはじめているような気がします。これまでと違った建設屋像を見つけるためには、まずは熊本へ行くべきです」と生意気にも言ってしまいました。そしたら会合の参加者のうち三人がすぐに熊本に駆けつけ、後日メールで「鎌田さんに言われて何も考えずただ行ってみようと思い、仲間の三人で熊本に行きました。帰りに三人で『我々の仕事は地元の岐阜を守っていくことではないか』ということを話しました」と知らせてくれました。また、「コストではなく、価値を共有できるお客様と建物を建てていく」とも言っていました。

住民を守る建設を行うにはさまざまな方法があります。そこにこだわりを持って「資源」を蓄積していくことで、優位な建設屋となり、最終的に多くの人がその業者に依頼したくなる。資源を蓄積するには数年かかりますが、誰のための住宅であるかを考え、「高くても頼みたくなる」技術を持つことで、本当の仕事になっていくのです。岐阜を守る仕事をし、同時に会社の考えも変えていくことが彼ら三人の目標になりました。

私はこうした何もかも失った状況を垣間見たとき、貨幣を伴わない資本や価値のやり取りの先にビジネスがあると確信しました。喜んで満足してもらった後に、新たなビジネスが見えてくる。私は最初から儲けに走ることはしませんでしたが、後にこの確信は間違ってないことを理解しました。私たちが価値を向上させることで、それを必要とする価値を持った人が現れ、その交換の繰り返しでお互いが成長する。つまり自分自身を成長させていくことで地域社会も良くなっていくことにつながるのです。

私が栗農家の方々とやり取りを進めていた当時は「価値の交換」を意識していなかったものの、私はこのときすでに「価値の交換」を行っていたことに気付きました。栗の選果方法を見直すことで誕生した「新選別加工栗」です。

現場で実際に栗拾いなどに参加すると、生産者の声が聞こえてきます。栗は出荷する前に質量の軽いものやサイズが小さいもの、病虫害果などの選別を行います。あるとき一緒に栗を選別しながら、生産者が処分する栗の量を計算してみました。すると当社に出荷する段階で選果により二割程度処分している栗があることがわかりました。

またあるとき、栗加工機の製造を行う和田機械さんとともに、九州の農協や加工施設を訪問し、生産者を離れた場所から見ていたとき、「栗の鬼皮を剥いた後に選別する」というアイデアが浮かびました。そこで早速、剥き栗加工の設備を開発、鬼皮を剥いて栗の中身が見える状態で選果する方法を講じたところ、処分される予定だった栗のうち約三割は加工に利用できる栗であることがわかりました。

処分される予定だった栗は「新選別加工栗」と名付けました。生産者が処分する予定だった栗を買い取り、鬼皮を剥いてから選別、加工できる栗を製品化することで、ひいては超特選恵那栗の価格もさらに上がり、生産者の収入も増えていく。生産者の「一個でも多く栗を買ってほしい」、私たちは「良い栗がほしい」という価値をお互いに交換することが「鬼皮を剥いて選別する」ことで成り立ったわけです。このように、それぞれが持つ強みや価値をいかに生かしていくかが、重要な戦略となると思います。

価値の交換

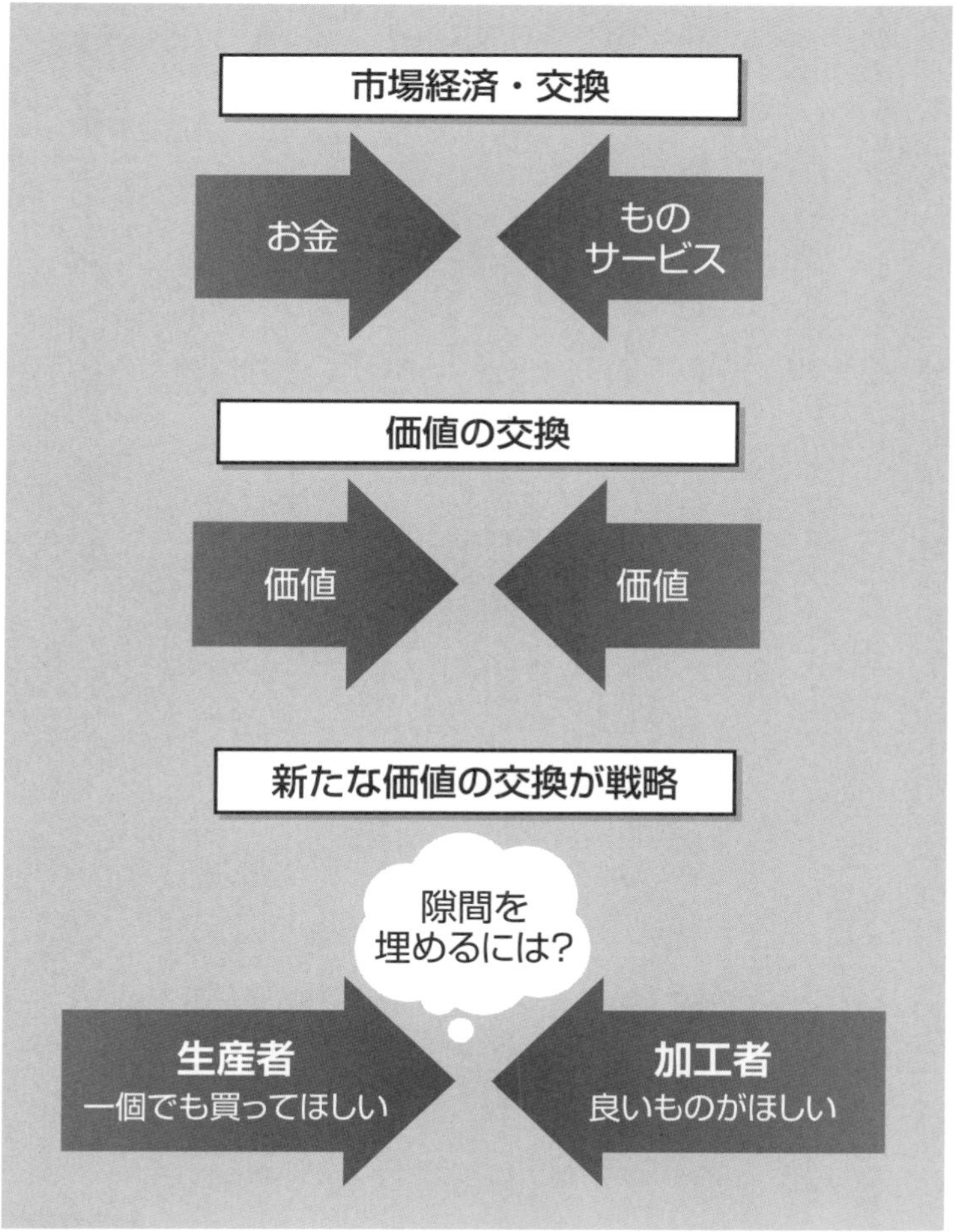
市場経済・交換
お金
もの
サービス
価値の交換
価値
価値
新たな価値の交換が戦略
隙間を
埋めるには?
生産者
一個でも買ってほしい
加工者
良いものがほしい

サプライチェーン・マネジメント

商品や製品が消費者の手元に届くまでの、調達、製造、在庫管理、配送、販売、消費といった一連の流れのことを「サプライチェーン」といいます。直訳すると「供給連鎖」です。調達、製造、物流、小売など、それぞれの関係性の一つひとつを最適化するのではなく、サプライチェーン全体を通じて供給を最適化させる取り組みを「サプライチェーン・マネジメント（SCM）」といいます。

恵那川上屋は農業から販売までのサプライチェーン・マネジメントを実践してきました。その行程でコストが削減できたら、さらに生産者からの仕入れ値段を上げていくことができます。それは我々が単なる加工者であれば、「生産者と仕入れ価格の交渉」だけで終わってしまうのが、開発や製造、販売など各工程を持つことで無駄を省き、生産者に全体で還元できる仕組みをつくり上げることができます。

また、一連の流れから一部を切り取ってスタートさせても売上につながるように準備することを始めています。時代とともにニーズは変化することから、その時流に乗った発想を行わないと生き残れません。常に変化に対応する会社こそ一番強い会社になるのです。

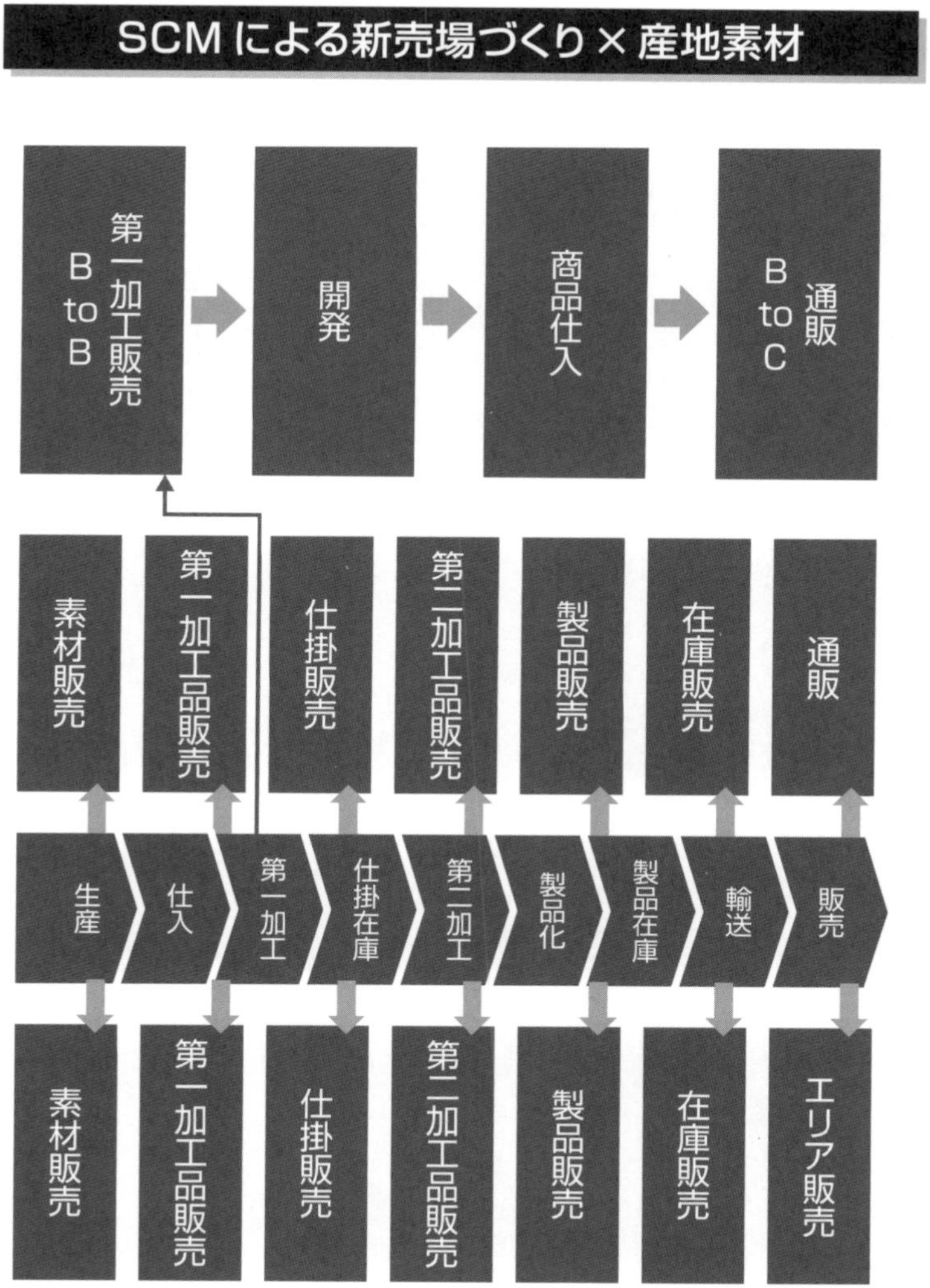
SCMによる新売場づくり×産地素材
第一加工販売 B to B
開発
商品仕入
通販 B to C
素材販売
第一加工品販売
仕掛販売
第二加工品販売
製品販売
在庫販売
通販
生産
仕入
第一加工
仕掛在庫
第二加工
製品化
製品在庫
輸送
販売
素材販売
第一加工品販売
仕掛販売
第二加工品販売
製品販売
在庫販売
エリア販売

栗栽培と価値の創造は生産者とお客様をつなげ、一〇〇〇年後に栗があればこの会社は残せると信じています。

サプライチェーン構築による新たな価値の創造

この章の最後には、当社が近年進めている取り組みを簡単にご紹介します。

◆世田谷栗プロジェクト

私は新たに店舗を展開するとき、その場所に「栗の産地」をつくることにしています。そこに住む住民にとって自慢となる「もの」や「こと」をつくっていくことで、新たなブランドを確立することをねらっています。当社は二〇一一（平成二三）年、二子玉川に店舗を開設したのは、二子玉川のある世田谷区に「栗の産地」をつくることができる可能性があったからです。

東京都世田谷区の三〇〇坪あたりの宅地課税は、憶測ですが年間二〇〇〜三〇〇万円で、土地を農地に転用すると年間五〇〇〇〜一〇、〇〇〇円となります。現在の世田谷区の人口は約九五万人で、大半が他地域からの移住者で構成されています。これまで世田谷区に土地を持つ地主は、移住者へ土地を販売した利益を相続税などに当ててきました。おそらく今後三〇年で固定資産税と相続税が大きく負担になり、三代目あたりの世代になると住宅の建て直しまたは土地の売却が多くなると考えられます。私はその状況に宅地の農地転用の可能性があると踏んでいました。

世田谷区での「新しい価値を創る」取り組みは、ＪＡ世田谷目黒の協力のもと、当社の若いスタッフが中心となってスタートしました。ＪＡ世田谷目黒には、世田谷区の土地が宅地から農地へ転用される際、栗の栽培を推奨していただけるようにお願いをしています。現在、世田谷区には「利平」という品種の栗が約一〇〇坪の畑に三〇本ほど植えられています。

二〇一九（令和元）年に設立した東京支社では「世田谷加工所」「ニコタマ栗ラボ」という新たなコンセプトを設定し、世田谷ブランド商品の販売や通販事業などを行うことで、確実に売上を伸ばしていこうとしています。

◆和栗Ｊａｐａｎ熊本栗加工場

二〇一七（平成二九）年に「株式会社和栗Ｊａｐａｎ熊本栗加工場」を熊本県菊池市に設立しました。熊本県で採れた栗を青果として市場に流通させるのではなく、当社の持つ技術を用いてその場で新鮮なまま加工（第一加工）するのがねらいです。

現在は五〇トンほどの栗を加工し、全量を当社で買い取っています。生産量が一〇〇トンまで伸びれば、その加工品を九州内の同業者に販売していくことも可能となります。同業者は必ず商品開発しますから、その商品を当社と共同開発し、当社でも九州の業者から仕入れて販売することが可能になります。素材を販売し、さらには消費者へ製品を販売するという「二面市場」をねらうことで、それぞれの工程に売場ができ、この流れを効率化することによって、生産者への還元率を上げていくことができるのです。

今後も全国の産地と同業者と共同で日本の栗の活性化をねらい、通販事業と産地加工を前向きに行い、栗の確保と新たな栗の市場開発をつなぎ合わせてイノベーションを起こしていきます。

◆粉末化した素材の商品の開発

栗の鬼皮は、エタノール抽出物の実験によって強い「抗糖化作用」を持つことが分かりました。「糖化」とは、身体の中でタンパク質と余分な糖が結びついてタンパク質が変性、劣化することで、老化物質が生成される反応のことをいいます。これを食い止めるのが「抗糖化」です。抗糖化物質はタンニン等のフェノール性化合物であるとされています。

現在、健康食品製造会社と理系大学との共同開発により、鬼皮を粉末にしてサプリメントを製造する実験を行っています。差別化と生産者の収入を安定させることをねらいとし、サプリメント化と自社での粉化を実現することによって、無駄のない栗の活用を行っていきます。

また、超高齢社会を見越した取り組みも計画しています。この鬼皮の粉末をつくる機械を使って、野菜の粉末を利用した商品開発にも取り組んでいきます。栄養価の高いかぼちゃの種やとうもろこしの芯、ほうれん草を粉末にし、菓子などに混ぜることでお年寄りでも摂取しやすいようにするのがねらいです。

そして「種子島里の菓工房」がある種子島は「種子島宇宙センター（ＪＡＸＡ）」が有名ですが、粉化する加工技術を用いて宇宙食を開発していきたいと考えています。種子島宇宙センターとの共同開発実現に向けて動き始めています。

第4章のポイント

- 「超特選恵那栗のブランド化」で培った技術や仕組みを他地域でも構築
- 地域がひとつになるシステムをつくり、携わる人すべてが満足できる地域活性化事業を展開
- 貨幣を伴わない資本や価値のやり取りの先にビジネスがある

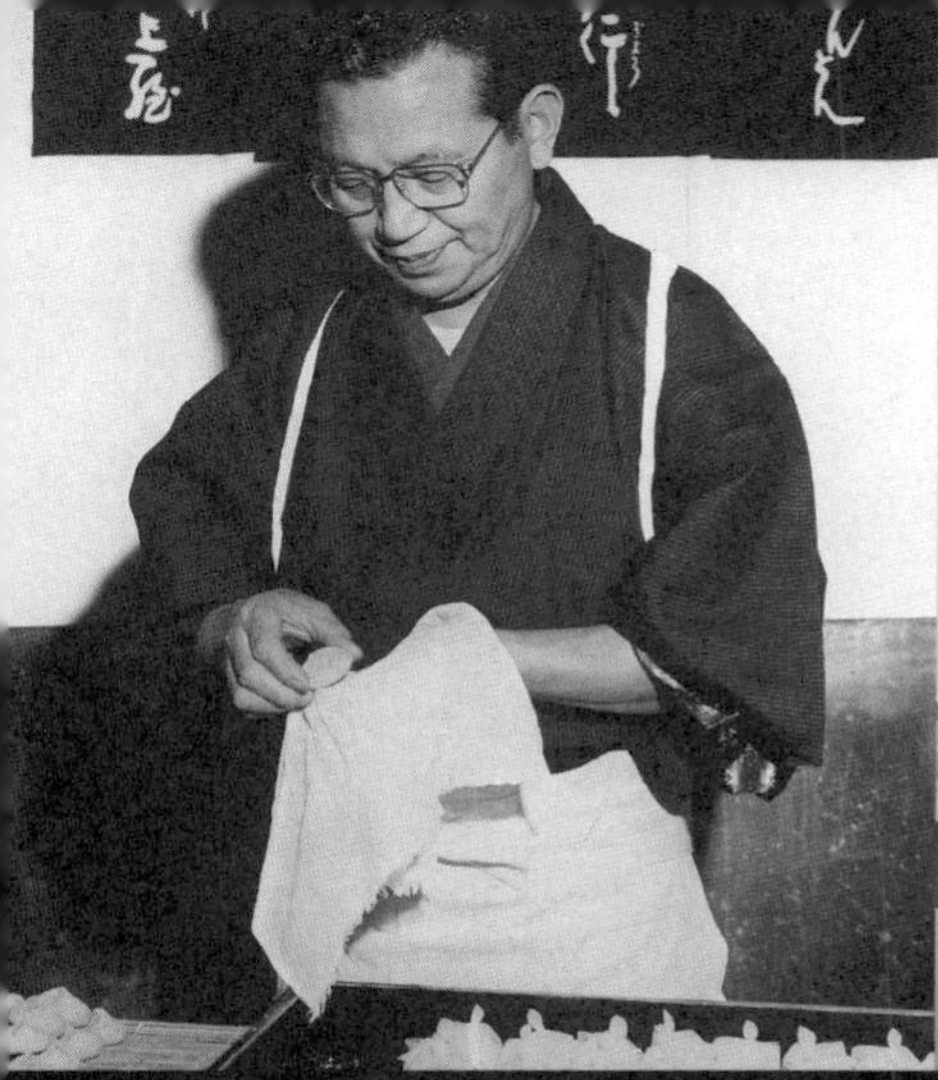

第5章

事業承継の基礎

「達成・進化・継続」させる組織づくり

草創期から今に引き継がれてきた「三つの教え」

恵那川上屋は、今年（二〇二一年）で創業五六年になります。

恵那市・長島町で、私の父が小さな和菓子店を開いた日の前日は大雨が降り、電柱や塀に貼った手書きのポスターは剥がれてしまったそうです。

開店当日のお客様はたったひとり。売上は三百円でした。

その後も、店舗での小売だけでは苦しいので、母が営業に歩いたようです。駅前の商店に卸したり、結婚式の引き出物用にホテルに卸したりもしていました。

父と母だけで加工、販売をしていた和菓子屋はいまや株式会社となり、従業員数は約三〇〇名です。

規模は飛躍的に拡大したわけですが、実は、私たちの経営理念の源は創業時代にあります。いえ、創業者である父が、お菓子づくりの道に入ったころから根ざしていたといったほうがよいかもしれません。

振り返ってみれば、私はいつのころからか、ことあるごとに父からいろいろな話を聞いて自分の血肉としてきました。言い換えれば、恵那川上屋を興した父の教えが知らず知らずのうちに私に植えつけられ、それをまた私が従業員に伝えて、今ある企業精神をかたちづくっているのです。

その教えというのは、もとをたどれば父が中学の先生から言われた言葉でした。

父は、中学卒業後、地元中津川の老舗菓子店に就職しています。

昔のことですから、おそらく仕事もきつかったのでしょう。あるとき、夜中に一五キロほど離れた実家に逃げて帰ろうとしたことがありました。ところが、夜道をトボトボ歩いていたら中学の担任の先生に見つかってしまいました。

先生は夜中じゅう、こんこんと父を諭して次の約束を守れと言ったのだそうです。

一つ、人の嫌がることを率先して行いなさい。

二つ、勉強をしなさい。

三つ、自分から挨拶をしなさい。

父は、先生の言葉を肝に銘じました。それでどうしたかというと、従業員が住み込んでいる家屋の便所の糞を肥溜に運ぶ仕事を自らに課しました。

人の嫌がることを率先してやったわけです。これが当時の社長の目にとまったのがきっかけとなり、父はやがて加工所の工場長にまで上り詰めました。そして、後年のれん分けしてもらい、恵那川上屋を開くにいたったのです。

私は、父から聞いたこの教えがとても印象深く、頭から離れませんでした。東京に修行に出てからも、恵那に戻って地元の栗でお菓子をつくりたいと夢を描くようになってからも、ずっと自分の意識のどこかに残っていたのです。

父の教えのひとつ、「自分から挨拶をしなさい」という言葉が鮮明によみがえってきたのは、一九九二（平成四）年に恵那峡本店を設立したときのことでした。

本店を新設してはみましたが、私は接客の仕方も、売り方も知りませんでした。従業員たちも、もちろん誰も何もわかりません。しかし、ここで地元のお客様に売ると決めて、借金を背負って店をつくってしまっています。

私はどうしたらよいかわからなくて、とにかく従業員に「何ができるか、みんなで考えよう」と言ったら、「大きな声は出せます」とか「明るく返事はできます」という答えが返ってきました。当時は、それが私たちにできる精いっぱいのことでした。

そこで、従業員に「じゃあ、大きな声で元気よく挨拶しよう」と言い渡して、全員で実行することにしたのです。

「いらっしゃいませ！」「こんにちは！」「ありがとうございます！」

挨拶を徹底していたらとても評判が良く、取材を受けたり、お客様から「どういう教育をしているんですか？」とずいぶん聞かれました。教育なんか、何もしていません。

私は、このときあらためて父の教えを思い出し、「挨拶って大きいな。これだけでお客様の印象は変わるんだな」と実感したのです。

のちに、そのころ売場に立っていた従業員たちが結婚などで退職して、全員入れ替わったら、売上げがガクッと落ちたことがありました。その差は歴然でした。

挨拶の力はすごいものです。これは、恵那川上屋が引き継いでいくべき遺伝子のひとつといえるでしょう。父から私へ、私から従業員へ、そしてその従業員たちから次世代へ、絶やすことなく語り継いでいかなくてはいけないと心しています。

人の嫌がることと喜ぶことをするのは仕事の原点

父が中学の先生から言われた言葉で、私がいちばん感銘を受けたのは「人の嫌がることを率先して行いなさい」でした。

誰だって、人が嫌がることなんかしたくありません。やらずにすむなら、それに越したことはないと考えるのが人の常です。しかし、父は人がやりたがらないことをやって、今日の恵那川上屋の土台を築きました。

組織を運営する立場の人間は「やりたくないことをやらなくてはならない」局面に必ず

どこかでぶつかります。そして、それを避けたり逃げたりせず、自分から取り組んでいくと、きっと何かをつかむことができます。私もまた、若いころから「人の嫌がることをしなさい」が頭にあったからこそ、前進できたのではないかと思うのです。

私が「人の嫌がることをする」を最初に実践したのは、東京で洋菓子づくり修行をしていたときのことでした。

父からは「仕送りはしない。自分でやってみろ」と言われて、東京に出てきています。洋菓子店の社長からは「五年で卒業の予定だ」と言われましたが、私は三年で修行を終えるつもりでした。三年間でお金を貯め、ヨーロッパを巡り歩いて本場のお菓子を見てこようと決めていたからです。

じゃあ、五年かかる修行をどうやって三年で修めればよいのか。

私がやったのは単純なことです。

仕事は八時始業ですが、毎日四時に出てゴミ出しから仕込みの準備からひとりで取りかかりました。タイムカードは八時に押すので、四時間は無給です。はたから見れば、損なことをやっているなと映るかもしれませんが、私はすごく得した気分でした。四時間分、人が寝ているときに仕事ができるのですから。

それと、夜デッキブラシで床掃除をするのは、誰にも譲らず自分がやることにしました。

最後の掃除をやるということは、自分の作業は早く終わらせないといけません。そうやっていくうちに、私は、仕事を早く覚えたように思います。

何しろ四時に出勤しているので、時間はたっぷりあります。私は、先輩たちがあまりやりたがらない雑用も「僕がやります」と言って、どんどん人の仕事をとっていきました。こうして修行の過程で、早くポジションを上げることができ、当初の予定通り三年間で卒業したのでした。

また、もうひとつ、この時代に学んだのは「人の喜ぶことをする」ということです。私が勤めていた洋菓子店では、終業後、試作をするのは許可してくれていました。これもおおいに活用させてもらい、片っ端からいろいろなお菓子をつくってみました。ただ、せっかくつくったお菓子を処分するのはもったいなくて、アパートの大家さんにあげたりしていました。それでも余ってしまうので、近くの商店街のお店の人たちに配って歩いたりもしました。

すると、そのうち床屋さんがただになったり、お肉屋さんで「百グラムください」と言うと、五百グラムくらい入れてくれるようになります。夜、仕事から帰ると、アパートのドアに天ぷらの入った袋がぶら下がっていたこともありました。

東京での三年間、父から教えられた「人の嫌がることをしなさい」と、自分で学んだ「人の喜ぶことをする」は、今の私の礎になっているといっても過言ではありません。ときには人の嫌がることも率先してしなければ、仕事は遂行できません。そして、人の喜ぶことをするというのは、共存共栄できる仕組みづくりの原則です。

当社の企業活動の原点は、私の修行時代に培われたものでもあるのです。

二代目経営者が明確にしておくべき「継ぐ理由と自分の役割」

私は、恵那川上屋を開業する前の年に生まれています。

途中で洋菓子も製造するようになり、支店を市内に開店して会社組織になっています。そのため長男の私は、当然のように、まわりから後継ぎとして見られていました。

世の中には、私のような二代目経営者は星の数ほどいるはずです。

あらゆる業種が活況を呈していた高度経済成長時代、昭和ひと桁生まれの親が一から育てた会社を継いでいる方はたくさんおられるでしょう。

二代目になってみて思うのですが、**後を継ぐときに重要なのは、継ぐ理由と自分の役割は何であるかを明確にすることではないかと思います。**

それぞれの会社によって、一代目が設立した組織を発展させる、維持する、改革するなど、二代目の役割はさまざまです。だとしたら、二代目として自らがなすべきこと、立ち位置をしっかり確認しておいたほうがよいと思うのです。

私の役割は、父の思いや、彼がやろうとしていることを伝承し、かたちにして実現していくことでした。それと、もっと大事なのは父を徹底的に守ることでした。

というのは、地元の栗の全量買い取りは大変革だったからです。

数ある東美濃の菓子店のなかでも、当社だけが地元の栗農家と契約し、ブランド化した超特選恵那栗で栗菓子を製造・販売しています。私たちの事業は、各方面から評価をいただき、栗菓子の販売量も大きく伸びました。

ところが、そうなると他産地の栗を使って栗きんとんをつくっている、ほかの大手菓子店や老舗菓子店はおもしろくありません。むこうの立場からすれば、そうなんだろうなというのは理解できるのですが、大手老舗のご機嫌を伺うのと、地元の栗農家の復活とどちらをとるかといったときに、私に迷いはありませんでした。

もともと父が小学校の同級会で、中津川の栗農家の林悟さんと再会し、父と私は二人で契約出荷を決断しています。

そのとき私は、嫌なことは自分がやろうと決心したのです。

自分が矢面に立って、成果も悪い結果も批判もすべて引き受けよう。ここで失敗しても、後継ぎの私が泥をかぶってまたやり直せばよい。いささか大げさにいうならば、地盤を築いた父だけは命がけで守ろうと覚悟したわけです。

そうして一九九八（平成一〇）年に、私は里の菓工房（当時の社名）社長に就任し、父は会長の任に就きました。超特選栗部会が発足した年です。

私がすごいなと感心したのは、父は、いっさい異を唱えなかったことです。

「親父、そろそろ社長を交代しよう」

「ああ、それでええよ」

これで終わりです。小さな和菓子店だったのを、洋菓子も製造する会社にし、超特選恵那栗栽培の歯車もうまく回っていました。それをあっさり息子に手渡すのだから、たいしたものです。ここでも、私は父から勉強させられたのでした。

思えば、東京から恵那に戻ってから、私が「やりたい」と言ったことに、父は「ノー」と言ったことが一度もありません。計り知れないほどの懐の深さです。

あらためて述べることでもないことですが、超特選恵那栗のブランド化は私がひとりでやったプロジェクトではありません。多くの方々の協力があり、父がいて、父の数々の教えがあったからこそ、私は自分の役目がはっきり見えたのです。

会社組織というのは、一代目、二代目、三代目と、それぞれの経営者が役割をわかっていて、それをまっとうするのが進化のための大原則といえるでしょう。

経営者は自分の得意なことと苦手なことを知るべし

会社の業績や方針に悩んでいる二代目、三代目経営者の方がおられるとしたら、**自分の役割を見直してみることをおすすめします。**

漫然と会社を大きくするとか、業績を守ろうとしているだけでは、方向性は固まりません。一代目、二代目がやってきたことを否定して、とにかく自分が変えるんだといった、やみくもな改革もうまくいきにくいと思います。

どういう遺伝子を受け継いで、どのようなところは変化をもたらし、発展させていけばよいのか。そのためには自分は何ができるのか、掘り下げることがとても大事です。

私の場合は、代替わりする以前から父が思い通りにやらせてくれました。

何を「やりたい」といっても「ノー」といいません。ただひと言「やれ」だけです。

私が迷っているときには、

「うまくいかなくても大丈夫だ。働いて返せばよい。おれもまだ働ける」

とも言ってくれました。父は父で、私に体力をつけさせようとしていたのかもしれません。そのおかげで私は、自分で考え、自分で決めて、自分はどこまでできるのか見当がつき、恵那川上屋が進む道を見つけることができたのです。

また、そうしたなかで自分の得意なことと、苦手なこともわかりました。

私は、菓子づくりの修行をしていますから、いずれ社長になっても、加工の現場に関わるつもりでした。しかし、超特選恵那栗のブランド化を進めるうちに、だんだんこの事業を軌道に乗せたいという思いのほうが強くなってきました。

そう考えると、私はお菓子の開発は大好きなのですが、量産の管理はうまくできないということに気づきました。つまり、一個つくるのは好きでも、一〇〇個はつくりたくないのです。というより、私ははっきりいって、一〇〇個つくらせたら途中でごまかしたりする人間です。これは自分がやってはいけないと考えたわけです。

では、加工の統括は誰に任せればよいのか。

のちに種子島里の菓工房の代表者をつとめることになる、桑島崇夫に全権を委譲することにしました。彼は、職人としての腕もさることながら、責任感と実行力は飛び抜けています。彼もまた、父と同じく、私が「これできないか、あれできないか」と言うことに、「ノー」と答えたことがただの一度もありません。

桑島が偉いのは、絶対にあきらめないことです。無理と思えるような私の指示も、とに

恵那川上屋の

組織づくり ポイント①

創業者の役割

●経験と思いを伝える

1　人の嫌がることを率先して行いなさい

2　勉強をしなさい

3　自分から挨拶をしなさい

↓

二代目の役割

●創業者の教えから学ぶ

●創業者の理念を実現する

●組織の継続・進化をはかる

↓

企業活動および企業文化の継承と発展

かく実行しますし、実現させてしまいます。私は、指示したことを失敗してもかまわないのです。やってくれるかどうかです。桑島はやってくれるうえに、必ずやり遂げてしまうのだからすごいものです。この男の粘り強さには、到底かなわないなと思います。

ですから、私は彼にいつも「あんたが親父の二代目だ」と言っているのです。

私は、桑島のおかげで恵那栗のブランド構築に専念することができました。

社長がひとりですべてを背負うのは不可能です。二代目を継ぐ経営者は、自分の適性を見極め「もうひとりの二代目」をつくるのも必要なことといえるでしょう。

心からわき出た経営理念「環喜、貫喜、大歓喜」

社長に就任する前も、就任した後も、私がずっと考えていたのは、恵那川上屋の企業理念を言葉にしてかたちづくることでした。

契約出荷の仕組みづくりに奔走していたころ、私の頭の中には、漠然と「当社の存在価値はどこにあるんだろう?」という思いがわき起こっていました。

地元の栗農家を元気にして、地元の栗でお菓子をつくりたい。それははっきりしています。でも、それは突き詰めれば、会社を大きくしたいとか、もっといえば金儲けしたいということなのか？　そんなことを、とりとめもなく考え続けていました。

私は、答えを見つけるため、会社や自宅で、車の中で、または食事をしながら、暇があれば父に話を聞きました。

あるとき、父が話してくれたのが創業して数年のころのエピソードです。

当時、近所にお母さんと息子さんの二人暮らしの家がありました。

ところが、お母さんは病気で入院してしまいます。そのお母さんはうちのお菓子が大好きなので、息子さんはお母さんのために、毎日一個ずつ買って病院にもっていってあげていました。

息子さんが店に来るのは、仕事が終わって夜、閉店間近の時間です。父は、「いつもご苦労やのう」なんて言いながら、一個おまけして二個ずつ入れていたのだそうです。

たまたま数年前、息子さん本人と会って聞いたのですが「あのときのことは忘れられん」と言っていました。母子二人の生活で、お母さんが入院したのだからいろいろ大変だったそうです。「いつも二個入っていて嬉しかった」と言うのです。

この話をしてくれたとき、私は父に何でそんなことをしたのかたずねました。

「お客さんに喜んでもらえればいいんや」

「お客さんが喜んでくれても、うちが損したら意味ないじゃないか」

「うちも喜べばよいだろう」

私は、「あっ、これだ！」と思いました。

契約出荷の体制ができてきて、契約農家もぼちぼち集まっていました。農家の方々も、お客様も、そして当社もみんなが良くなればよい。ひとりが「まわりを喜ばせよう」という思いを貫けば、たくさんの人々が喜ぶ結果が生まれるのです。

こうして当社の企業理念「環喜、貫喜、大歓喜」ができあがったのでした。

農家と連携し、農家の方々、お客様、当社の三者が喜びを分かち合えれば、地域全体に大きな歓喜の輪が広がっていきます。

まさしく、これこそが恵那川上屋が目指す理念であり、これを実現してこそ当社の存在価値がある。まわりのみんなに喜んでもらうことを貫徹するのが、ほかでもない、私たちの仕事なのだという気づきが言葉になってあらわれたのです。

「環喜、貫喜、大歓喜」という言葉が出てきたとき、父に「これでどうだ？」と見せたら、納得した顔で「ああ、この通りだ」と言ってくれました。おたがい晴れ晴れとした気持ちでいっぱいになり、「じゃあ飲みに行くか」となって、ささやかなお祝いをしたのを覚えています。

当社の理念は、企業経営のロジックにのっとって組み立ててつくり上げたものではあり

恵那川上屋の

組織づくり ポイント②

企業理念

環喜

●地域やまわりの人に喜んでいただく

貫喜

●「環喜」の気持ちを貫く

大歓喜

●もっとたくさんの人に喜んでいただき
喜びの大きな輪が生まれる

↓

農家・お客様・恵那川上屋
三者が喜びを分かち合える仕組みの実現

ません。父と私の経験が積み重なり、そのときどきの思いがあって、心からわき出たものを言葉にしています。

ですから、超特選恵那栗のブランド化も、超特選栗部会の活動も、栗人構想も、当社のすべての事業のなかに、父と私のそれぞれの修行時代、創業時代に感じたり、考えたり、悩んでつかみとってきたものが詰まっているわけです。

私のなかには、今でも父から聞いた話や言葉の数々が染み込んでいます。

父が中学の先生から言われた言葉も、私が無駄にしたら意味がありません。**つなげること、つくること、そして伝えること。それも二代目としての私のつとめなのです。**

恵那川上屋が誕生したころからはぐくまれてきた思想を、これからは従業員の一人ひとりの心の奥深くに浸透させていきたいと思っています。

生産者との共有ビジョン「美しく生きる」

超特選栗部会の結成から二〇年近く経ったとき、私は生産者と我々が同じ目的を共有するのにしっくりくる言葉がないか探していました。生産者と我々はともに歩んできたものの、結局のところはそれぞれ別々の組織です。そのため、お互いが「共感し価値のある仕

共有ビジョン「美しく生きる」

- 我々は自信を持って提供する。
- 我々は顧客までの流通の一翼を担い、全うする。
- 我々は常に前向きに学び続ける。
- 我々は剪定士として他産地に協力する。
- 我々は少しずつ確実に収量を伸ばしていく。
- 我々は後継者を育て継承する。
- 加工販売者は、生産者に還元する仕組みを構築する。
- 加工販売者は、戦略を生産者と共有し、固定客との価値共有を目指し、確実に業績を上げていくことで、永続維持を生産者と約束する。

事に取り組む」というビジョンを「ひと言」で示せないかと模索していたのです。

あるとき、超特選栗部会に所属する生産者の奥様が他界され、喪主である生産者が「私の妻が最後に言った言葉があります。それは『私は美しく生きることができた』です」と挨拶をしました。このとき、「美しい」という言葉の持つ深さを感じるとともに、この言葉こそが生産者が目指すものにピッタリではないかと思いました。良い栗をつくること、「良い栗しか出荷していない」と言い切ること、罪悪感なく生きること……。この言葉にはさまざまな「美しい」が存在します。我々から発した言葉ではなく、生産者自らが発した「美しい」と言う言葉だからこそ、生産者が納得し賛同を得ることができるビジョンにふさわしいと感じています。

一＋一を三にも四にもできる人材を育成する

超特選恵那栗のブランド化が進み出したころ、こうして明確な企業理念ができたことで、今度は当社の役割というものも私のなかではっきりとしてきました。

恵那川上屋は菓子加工業者です。しかし、菓子加工業者というところに執着したら、お菓子を加工・製造・販売するしかできなくなってしまいます。

そうではなく「環喜、貫喜、大歓喜」という理念を掲げたということは、当社はまわりのみんなが喜ぶ仕組みをつくる会社だということです。

それであるなら、実現の手法がお菓子づくりであって、農業に携わってもよいし、栗だけでなくほかの素材の開発に関わってもよい。または東美濃だけでなく、いろいろな地域の活性化の支援をしてもよいわけです。一＋一＝二ではなく、一＋一が三にも四にもなる事業ができると発想が広がっていったのです。

そうすると、次の課題はどうやって人材を育てるかです。

「環喜、貫喜、大歓喜」の理念のもと、業態の幅が広がるということは、必然的に従業員も増やさなくてはなりません。それもただ増やすだけでなく、一＋一を三にも四にもする発想を共有できる人材を育成していかなければならないのです。

当社は、二〇年近くの間に、従業員は一五名くらいから三〇〇名になりました。

各地の工房の菓子職人、店舗の販売員、農業生産法人「恵那栗」のスタッフなど、事業の多様化にともなって従業員の増員をしてきたわけです。

菓子職人については、本社工場を設立したときには桑島を筆頭に三名しかいませんでした。その後、多くの職人を採用し、それぞれが腕を上げてきました。

ところが、育った職人が、今度は自分が人を育てるというようになかなかつながっていきません。組織が大きくなると、常に上に師匠が何人もいて、自らが師にならなければいけないという意識が育たないわけです。ですから、職人の教育システムの構築は当面の課題のひとつなのです。

私が今、従業員の育成面でいちばん考えているのは、いかにして人材を配置して、盤石な組織づくりをしていくかということです。

契約農家との取引を開始したころからいる従業員たちは、現在は何人かが管理職となっています。彼らに事業を割り振って、そのうえで従業員全員に恵那川上屋の思いを伝えていくには、どのような仕組みづくりをすればよいのか。

そこまできちんとつくり上げるのが、私が果たすべき仕事だと思っています。

「問題」「課題」「対策」

当社の売上が伸びていくにつれ、さまざまな「問題」と「課題」が見えてきました。「問題」はビジネスにおけるネガティブな現状や事柄のこと、「課題」は問題をポジティブな方向に変えるための行動を意味します。

「問題」には

①現状の問題（設備の破損、売上など現在目に見えている異常な事態）
②将来的な問題（人材、資金など、将来的に個人やチームに悪影響を及ぼす事柄）
③未発見の問題（業務の効率化など、認識されていないこと）
の三つがあります。

「問題」が達成したい目標の差であることに対し、「課題」はその差を埋めるために起こすべき具体的なアクションを指します。

「問題」「課題」に並んで「対策」という言葉も使われます。「対策」は「課題」を達成するための行動という意味で使われ、近い言葉では「解決策」があります。果たしたい目的や目標のギャップが「問題」、そのギャップを埋めるためのアクションが「課題」、そして「課題」を解決するための「対策」という関係性を持っています。

「問題」
・見える化とお互いの伝達機能、及びしつけやルールの欠如
・システムの遅れ、開発の遅れ
・人材不足
・モチベーションの低下

「問題解決できない原因」

・自分を客観視できていない
・問題を客観的に見る。リーダーは、考えない部下に考えさせる
・危機感の不足
・自分で解決できる範囲を超えている

「部下への対応」

・どうすればミスが防げたかを考えさせる
・人格や能力を否定しない、考え方を植え込む
・見つけた「課題」と「対策」を徹底する約束をする

「個人でできる問題解決の手順」

・現状を見直して「問題」をリストアップする
・「問題」の原因と解決する優先順位を考える
・「問題」を解決するための「課題」と「対策」を具体的に考える
・「対策」を実際の行動に移す
・「問題」がどこまで解決できたか達成度を見る
・解決できなかった理由や今後の対策を考える
・新たなる「問題」に対する「課題」と「対策」を考える

その他、チームでの解決策も有効です。この「課題」と「問題」を一緒にしてしまうと、解決策までたどり着くことができません。個々で見つけた「問題」を「課題」や「対策」まで落とし込める能力を持ち合わせているかが、会社にとっての課題であると判断しています。「できない理由」を延々と話したり、協調性がなかったり、周りに迷惑をかけたり、ルールや方針を守らなかったりと、この解決策の根本は、それぞればらばらに育ってきた環境や、考え方の違いや当たり前と思っている固定観念が邪魔をします。

客観的に会社をよくしていくには、個人の考え方がプラスに転換されない限り、この壁を破ることは不可能です。「今までのやり方ではできない」という理由が、大きな弊害をもたらすことになります。「できる方法」を考える。これが「課題」と「対策」につながります。「今までこうだったからできない」という理由が通用しなくなります。それはシステムも個々の意識も改革の前に変化が必要なのです。

思い切って変えていくことには、自らの勇気が最も必要となるでしょう。でもこれを乗り越えていくことで、その先にはすばらしい人生や楽しい職場が待っています。これからはこの「問題」発見と「課題」をポジティブに解決し、「対策」を繰り返しながら前に行く取り組みと行動が必要になります。店の運営も楽しい店づくりとはどんな店なのかを、全スタッフで議論すべきです。お客様とともに楽しい店づくりや人生を送っていくにはどんな問題を解決すべきかを、真剣に客観的に考えていくことこそ、今までの延長線上にない考え方と行動につながっていきます。

課題解決のアイデアを多くの人から出してもらうことを「フィードフォワード」といいます。課題を出した本人が選べるようにみんなで協力することで、年の差があればあるほど経験と知識を提供することができます。若いスタッフがどんどん提案する仕組みこそ、当社らしさだと思います。

フィードフォワードは会社が戦略的な機会を与え、各担当メンバーが提案し、会社の方向を決定する自主性を醸成していきます。提案を否定することではなく、取締役を含め、たくさんの人からアイデアを多く提供し、その中から意思決定していくことで、個々の感性や教育につながっていくことで成長していきます。

目標を掘り下げて行動が見えるようにする

従業員を育成するプロセスで、わかってきたことがいくつかあります。

そのひとつが、彼らの**行動につながる伝え方をするということです。**

「こうしろ、ああしろ」と言えば、従業員はとりあえず言われた通りに実行するでしょう。しかし、ただ単に行動に移すのと、「理解して、納得して」行動するのとでは、結果はずいぶん違うものになると思います。

ですから、彼らが自分から動く、または自分のすることの意味をわかって動くというように、指示や説明をするのも非常に大切なことです。

たとえば、当社には「安納芋の焼き芋」という冬の商品があります。

これはとろけるような甘さが特徴の安納芋を、遠赤外線でじっくり焼き上げた、種子島里の菓工房発の商品です。恵那峡本店ほか直営店では、冬になるとこの焼き芋を売り出し、地元のお客様の人気をおおいに集めているのです。

二〇一〇年のシーズンに、現地の契約農家が納入した安納芋は約二〇トンです。

私は、従業員を集めてこう言いました。

「来年は四〇トン、再来年は五〇トンに増やすぞ。さあ、実現してください」

みんなポカンとした顔をして聞いています。来年は倍の四〇トン納入するということは、次のシーズンは、倍の収量に見合っただけの数の商品を売らなければいけないということです。じゃあ、倍売るにはどうすればよいか？　その答えがすぐに出てこないのです。

そこで私は彼らに「うちの会社は販売員は何人いる？」とたずねてみました。

「ええと、五〇人です」と従業員。そこから畳みかけていきます。

「ふうん、じゃあ、焼き芋を売る期間はどれくらいだっけ?」

「冬の間、九〇日です」

「九〇日だよな。じゃあ、四〇トン入れて、五〇人が九〇日売っていくとどうなる?」

そうやって聞いていくと、最後「一時間あたり一人一袋売ればよい」という話になったわけです。

「一人が一時間に一袋、できるかな?」と言うと、「あっ、それならできそうです」という声が返ってきました。さらに「だったら、一時間あたり一人が一袋売るにはどうする?」と聞けば、「試食コーナーを設けて食べてもらいます」とか「こうやって声をかけます」とか、いろいろな案が出てきました。

一時間に一袋売るために、一人ひとりが考えて動く。それが行動レベルに達したということです。そこにもっていくための回路をつくらなくてはいけないのです。

私も昔は、普通に「こうしろ、ああしろ」と指示を出していました。

しかし、あるとき気がついたのは、**指示の出し方に「情」と「理」があるとしたら、情に訴えるだけではだめ**だということです。

「種子島の里の菓工房を盛り上げよう！　四〇トン入れよう！　みんなで頑張ろう！」

というのは情に訴える言い方です。これだと、内心で「そんなの、できるのかな?」と疑問を抱きながら、「社長に言われたからやる」という行動にしかなりません。

それよりも考えるきっかけを与えて、「自分たちに何ができるか」というところまで掘り下げていく。掘り下げて、目に見えるところまでいって、はじめて理解できて「それならできそうだ」というふうに道筋が開けてくるわけです。

経営者や管理職と従業員の関係性に、情は欠かせないものです。しかし、情でものを言うだけでは、伝わらないのも事実なのです。

考えるきっかけを与えて、理解させて、自ら行動に移させることです。それさえ実現できれば、遠くにぼんやりと見えていた目標も鮮明になってきます。従業員に可能性を見えるようにするのも、役職者の大事な役目といえるでしょう。

従業員第一主義の実践へ

私は五〇歳になったとき、自分の能力の無さに悩み苦しんでいました。従業員も増え、これまでと同じ方法で会社を経営してもうまくいかないことはわかっているのですが、どうしたらよいのかわからないまま、五〇歳を迎えてしまいました。社員に指示することではなく自らがまずはチャレンジすることを何かをやってみようと思い、減量を始めました。生活を変えることをする、毎日の生活に違いをつくる。この二つを模索して出した答えでした。

その後、学力の無い私がはじめて「勉強したい」と思い始め、高卒でも受験できる大学院を探し、明治大学大学院に入学しました。ゼミにも入り、修士論文は「恵那川上屋の戦略」を書くことにしました。勉強して学んだことを論文に落とし込んで戦略化するために、あらゆる方向から教授や学生と議論する中で、見えてきた構図がありました。

大学院の学びの中で友人がたくさん増え、言い合える仲間が今までの数十倍にも増えました。私はこれを弱い人脈といっています。「常にどうしようかを考え、知を探索している」自分がそこにはいました。いつも帰り際にアイデアが浮かびます。外に出て他の人と話すと「創造性（クリエイティビティ）」が生まれてきます。

しかし「これをやればイノベーションが起きる」と思って実行に移そうとすると、できない現状が見えてきました。あらゆる会社の弱点が浮き彫りにされてきたのです。よく考えてみれば、私はコツコツと組織を広げてきただけで、何も対策をしてこなかったという反省がそこにはありました。イノベーションを実行に移す従業員などの「強い人脈」が弱いことに気が付きました。「強い人脈」に含まれる生産者だけを何とかまとめ上げようと

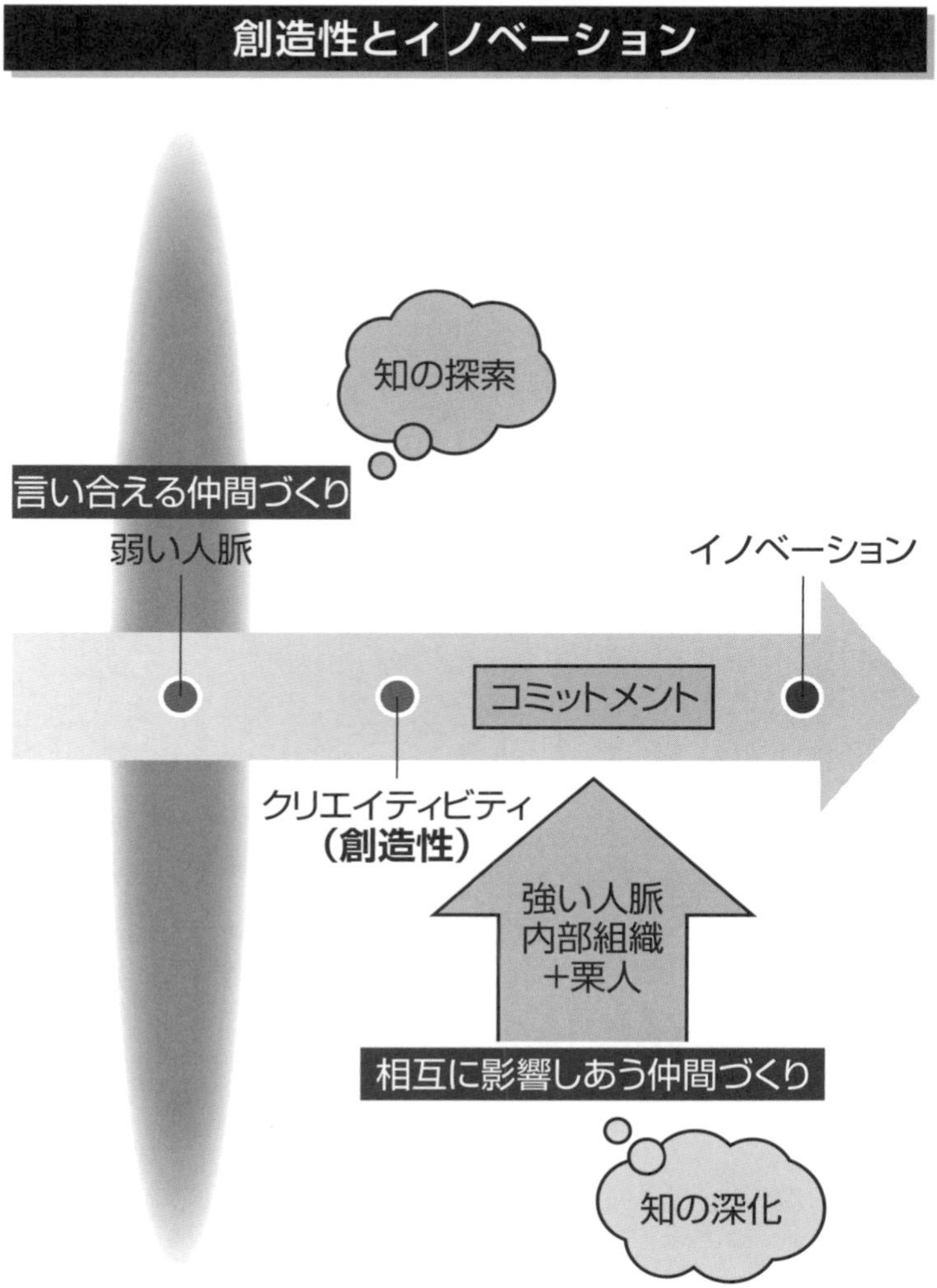
創造性とイノベーション
知の探索
言い合える仲間づくり
弱い人脈
イノベーション
コミットメント
クリエイティビティ
（創造性）
強い人脈
内部組織
＋栗人
相互に影響しあう仲間づくり
知の深化

してきたのも原因です。いくらコミットメント（決めて行う行為）をしても、「強い人脈を整えない限り先が無い」という会社のジレンマに陥りました。知の「深化」と「探索」は、並行して行うことでイノベーションが起こる、という現実を経験したのです。

また、私は修士論文を執筆しているときに、「環喜、貫喜、大歓喜」の経営理念において大きなミスを犯していたことに気が付きました。これまでこの経営理念の優先度を一番目は生産者、二番目がお客様、最後に会社、としてきました。つまり、従業員が最後になってしまっていたのです。「会社が生まれ変わっていくために何かを変えなければ」と思っていた矢先、「マーケティングは顧客、マネジメントは従業員」と勘違いしていたのです。私は「従業員もマーケティング」と気づき、まずはこの順番を変えました。一番目が従業員とその家族、二番目が仕入先とその家族、三番目が今のお客様と未来のお客様、四番目が地域、五番目が株主とし、「従業員第一主義」を実践することを決めたのです。

会社の価値は従業員が握っています。前面に立ち、自分をもっとも信頼してくれる従業員を育てて大切にすることが、この会社のこれからの生き方になると気が付いたのです。「互いに影響しあう仲間づくり」は従業員、生産者、家族、組織、地域、株主の関係からなっており、「外と中を並行に強化していくことで会社の発展はある」と確信しています。環境整備や自主性、愛着心など生産者とつくってきたように、会社全員で新たなブランド価値をつくることがこれからのテーマです。そのためにはまずは現状を理解し、方向性を自分で決めるという行動からはじめ、弱い人脈をできる限りつくって自分の可能性にチャレンジする。それと並行して会社内の仕組みをつくり変えていく。これが当社の未来には必要となります。

恵那川上屋フィロソフィー

各生産者が「自分流」で栽培を行っていたものが、塚本先生の指導に生産者が「共感」することで「共有」され、「実践」する。その中で生産者に「気づき」が生まれ、それぞれが一番になるにはどうしたらよいか「正しく意思決定」することで、自身のつくったものへの「愛着心」と「自信」につながる。農業で行ってきたこの好循環は会社組織にも通ずるものがあると私は考えました。各個人の思考が、目指すべき行動を実践することで広がりを見せ、これらを積み重ねることで「価値以上の価値」の提供につながる、として、私はこれを「恵那川上屋フィロソフィー」として位置付けました。

人として正しく生き、会社の理念や基本方針のもとに戦略を加えることで、会社の向かうべき「正しい考え方」のベクトルをあわせていきたいと思います。

恵那川上屋フィロソフィー

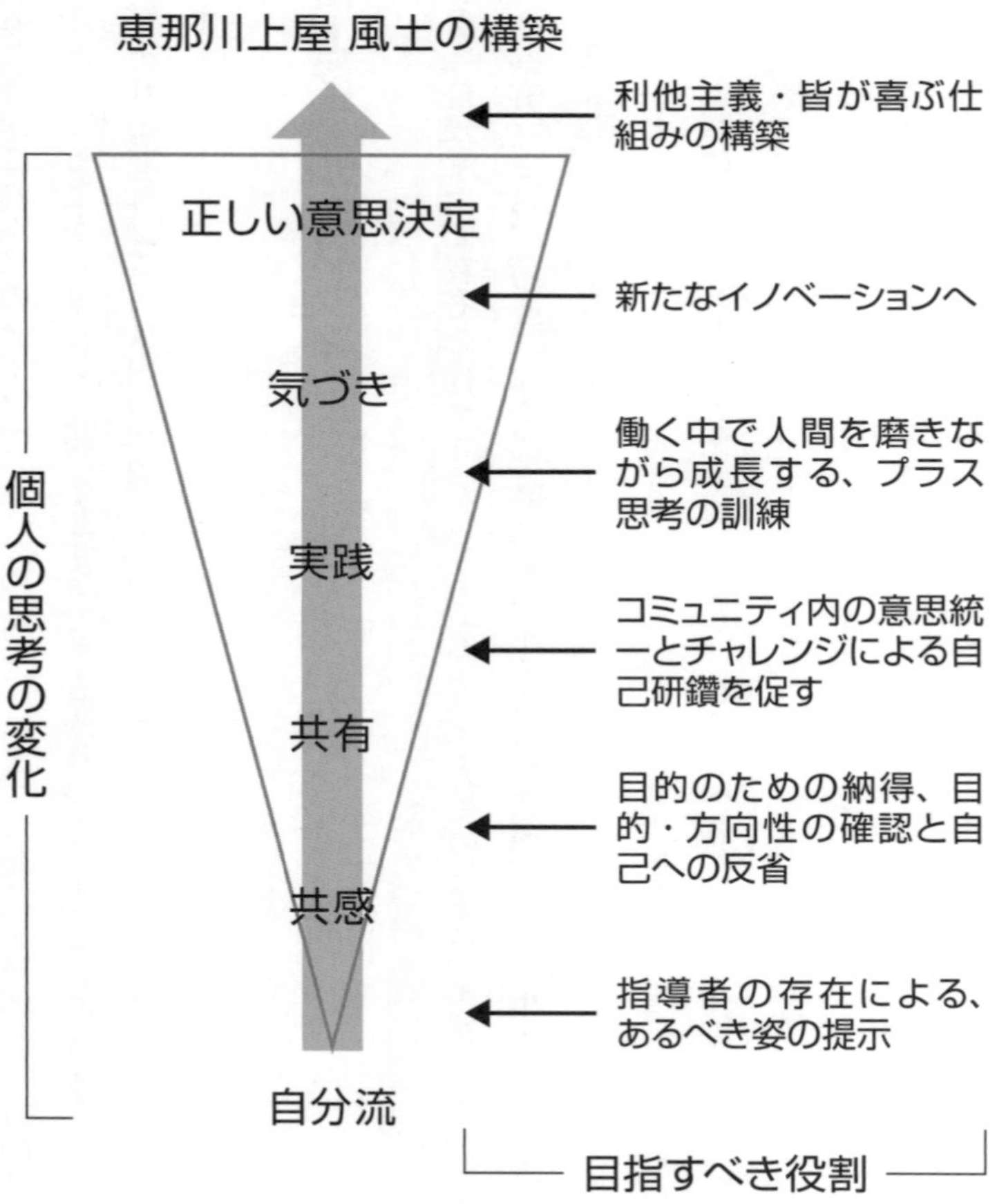

恵那川上屋 風土の構築
正しい意思決定
気づき
実践
共有
共感
自分流
個人の思考の変化
利他主義・皆が喜ぶ仕組みの構築
新たなイノベーションへ
働く中で人間を磨きながら成長する、プラス思考の訓練
コミュニティ内の意思統一とチャレンジによる自己研鑽を促す
目的のための納得、目的・方向性の確認と自己への反省
指導者の存在による、あるべき姿の提示
目指すべき役割

私の心の支えとなる言葉

私は、これまでに気づいて経験してきたことだけを事業につなげてきました。

恵那峡本店の隣には、ひなびた古民家がひっそりとたたずんでいます。

これは私が若いころ、描いた夢が実現したひとつで、二〇〇四（平成一六）年に開館した「横井照子ひなげし美術館」です。

横井照子さんは一九二四（大正一三）年生まれ、スイスを拠点に欧米で活躍した画家です。彼女との出会いは、私が一九歳のとき、東京での修行をひとまず終え、ヨーロッパを旅していたときのことでした。

ヨーロッパ各地の工房で働かせてもらう予定でしたが、生活できるだけのお金を稼ぐことはできません。所持金もほとんどありませんでした。そんなとき、姉の書道の師が、日本を発つ前に「むこうで困ったことがあったら、この人のところに行きなさい」と住所を書いた紙を渡してくれたのを思い出しました。それが横井さんだったのです。

横井さんは、東洋の感覚が映し出された色彩で四季感を抽象的に描いています。彼女の絵を見たとき、私は素直に「すごいな」と感動しました。

また、横井さんは、芸術や夢よりも毎日の生活や職人としての自立しか頭になかった私に、「パイロットランプを灯す」「Boys be ambitious」という言葉を教えてくれました。「パイロットランプ」とは機器が通電中であることを示す表示装置のことで、「パイロットランプを灯す」はおそらく横井さんオリジナルの言葉だと思います。「夢を描くのは自由であり、その一点に光を灯してまっすぐ歩く」という意味です。

横井さんは「自分は画家である」という一点を貫き、日本→アメリカ→フランス→スイスと活躍の場を広げていきました。この言葉と横井さんの生き様を見て、私は「栗」という一点に向かって事業を行うことを決心しました。横井さんの家を出てベルンの大きな橋を歩いているとき、なぜか涙が出てきました。自信のない私に火が付いたようでした。

そして、「Boys be ambitious」は、一般的に「少年よ、大志を抱け」と訳され、「大きな夢と望みを持って生きなさい」と解釈されます。当時の私は、横井さんがこの解釈で教えてくれたと思っていました。

夢を描き、それが叶うように奮闘しながら年齢を重ねていくうちに、横井さんが教えてくれた「Boys be ambitious」という言葉にはもっと深い意味があったのではないかと考えるようになりました。

そして私が四六歳になったとき、横井さんへ「夢を描くということは、非常に多くの人

横井照子さんと著者

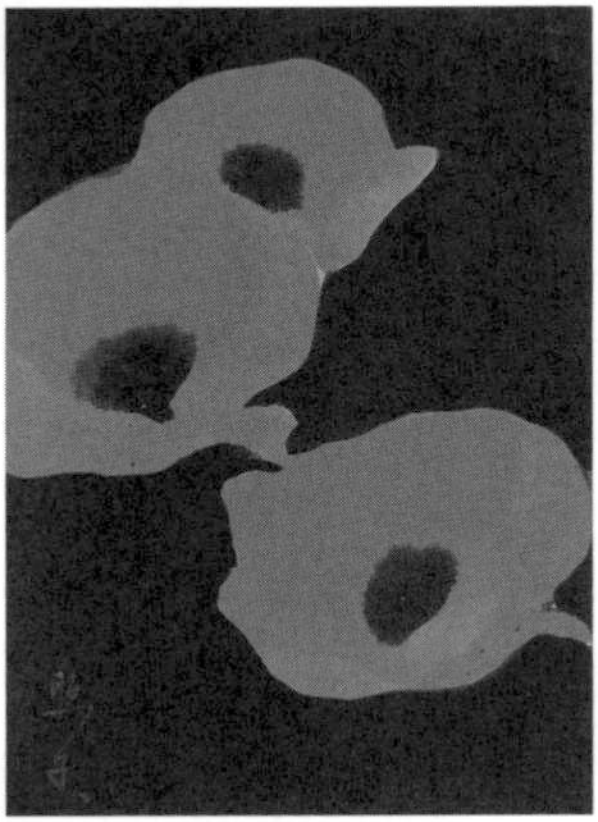

《ひなげし》2004 年
エッグテンペラ、紙

スイス・ベルンの街並み

に支えられないと実現しない、〝Boys be ambitious〟には『感謝する』という意味があるとわかりました」と伝えたら、「あなたやっとわかったわね」と言ってくれました。私が一九歳のとき、横井さんは私にこれを言いたかったのだと気付きました。

この二つの言葉は、今でも私の支えの言葉となっています。

私は、宣言しました。「将来、自分の店が大きくなったら、あなたにパッケージのデザインをお願いします。それと、こんなすばらしい絵を描いている画家がいることを、日本の人は知りません。ぼくはいつか、あなたの美術館をつくります」と。

勝手なことを言ったものですが、どちらも本当になりました。

恵那川上屋のお菓子の包装紙や袋には今、季節を感じさせるデザインが施されています。また、和洋菓子をつくる私たちは、横井さんから、四季の情景と色彩の表現をどれだけ教えられたかわかりません。

美術館の二階からは、季節の草花や栗畑の風景が一望できます。恵那峡本店に来店されたお客様には、絵の鑑賞とともにくつろぎの時間を過ごしていただいています。

体験したことを五千円の価値あるものにする

とにかくヨーロッパでは、行くところ行くところで気づきの連続でした。

むこうに滞在している間、私は、東京で修行していたときにお世話になったご家族に手紙を書き続けました。よく家に呼んでくれて食事をいただいていたのですが、お金がないのでお土産も買って帰れません。せめて手紙をと思って、ヨーロッパ中を転々としながら行く先々から便りを送ったのです。

のちに帰国して一〇何年か経ったころ、そのご家族と再会したときに、私が送った手紙をとっていてくれて見せてくれました。

読んでみたら、最初のころは「今はどこにいる」というありきたりな内容だったのが、だんだんと「こういう町にいて、こんなことに気がついた」と書くようになっていきます。そのうち「こんなことに気がついて、こう考えた」と書き出して、しまいに「こうすればもっと良くなる」というふうに対策まで書いているわけです。

一〇数年ぶりに自分の手紙を読み直して、ヨーロッパでは無意識のうちにいろいろなことを体験して覚えていったんだなと思ったものです。

やがて私は日本に戻り、東京の別の店で修行することになりました。

ここでは何をやったかというと、休みの日のお菓子屋さん巡りです。修行を終えたら、恵那に帰ると決めています。東京にいる間に、首都圏のお菓子屋さんをできるだけ見て回ることにしたのです。

しかし、神奈川や千葉まで行って帰ると、五千円くらいかかります。これはお金がもたない、もうやめようかなとあきらめかけたとき、ふと思いついたのが「行って、見たもの、聞いたこと、感じたことをメモしよう」ということでした。

売っていたお菓子について、店内の内装について、お客さんの反応について、気づいたことをメモしておく。行かなければわからないのだから、それを五千円分の価値にしようというふうに考え方を変えたのでした。

第5章のポイント

- ひとりが「まわりを喜ばそう」という思いを貫けば、たくさんの人々が喜ぶ結果が生まれる
- 「問題」と「課題」を一緒にしない
- 会社の価値は従業員が握っており、各個人が目指すべき行動を実践し、積み重ねることで「価値以上の価値」につながる

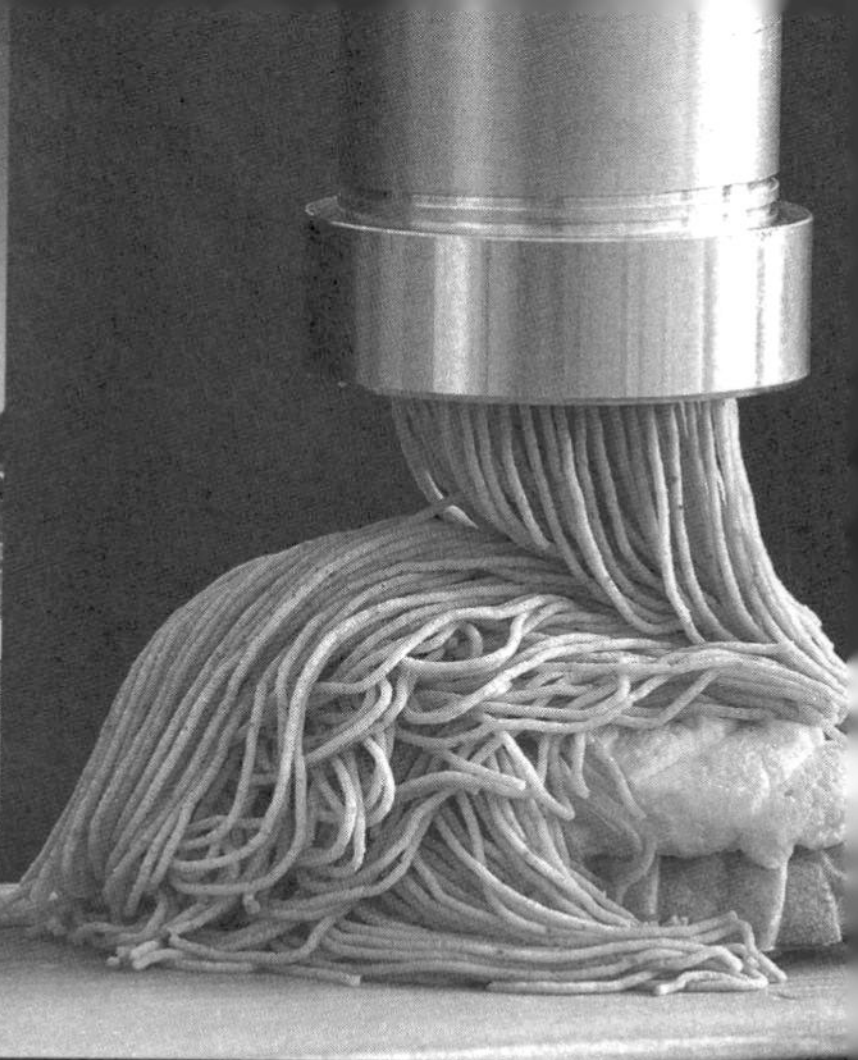

終章

サプライチェーンから
バリューチェーンへ

語り継がれる経験法則

共通価値の創造

私は当社のスタイルを三つの輪を重ね合わせて整理します。輪が重なるところに価値が生まれます。輪の中に「菓子」「ふるさと」「人」を入れると、「地域自慢」「縁の広がり」「絆、家族」それぞれの価値が、会社哲学のミッションにつながることがわかってきます。その最大の目的は、三つの輪すべてが重なるところにある「価値創造」です。「これら価値がどのように進化していくか」を念頭に置き、さらに創造していくことで、価値の深さがいっそう見えてくると思います。

そして、これまでの当社の歩みを今振り返ると、これまで超特選恵那栗のブランド化事業に一緒に携わってきた人々との間でCSV (Creating Shared Value)、つまり「共通価値」が創造されてきました。これが私のねらいでもあり、結果でもあったと考えています。

「超特選恵那栗をブランド化する」目的に賛同してくれたのは、カメラマン、デザイナー、コピーライター、生産者、JA、岐阜県、そして当社です。

第1章で記したとおり、私は当初、当社の「栗の里への思い」をチラシの配布により地元へ情報を発信していくことを始めました。そのとき関係した人々は当時、

地域の価値をイノベーションする

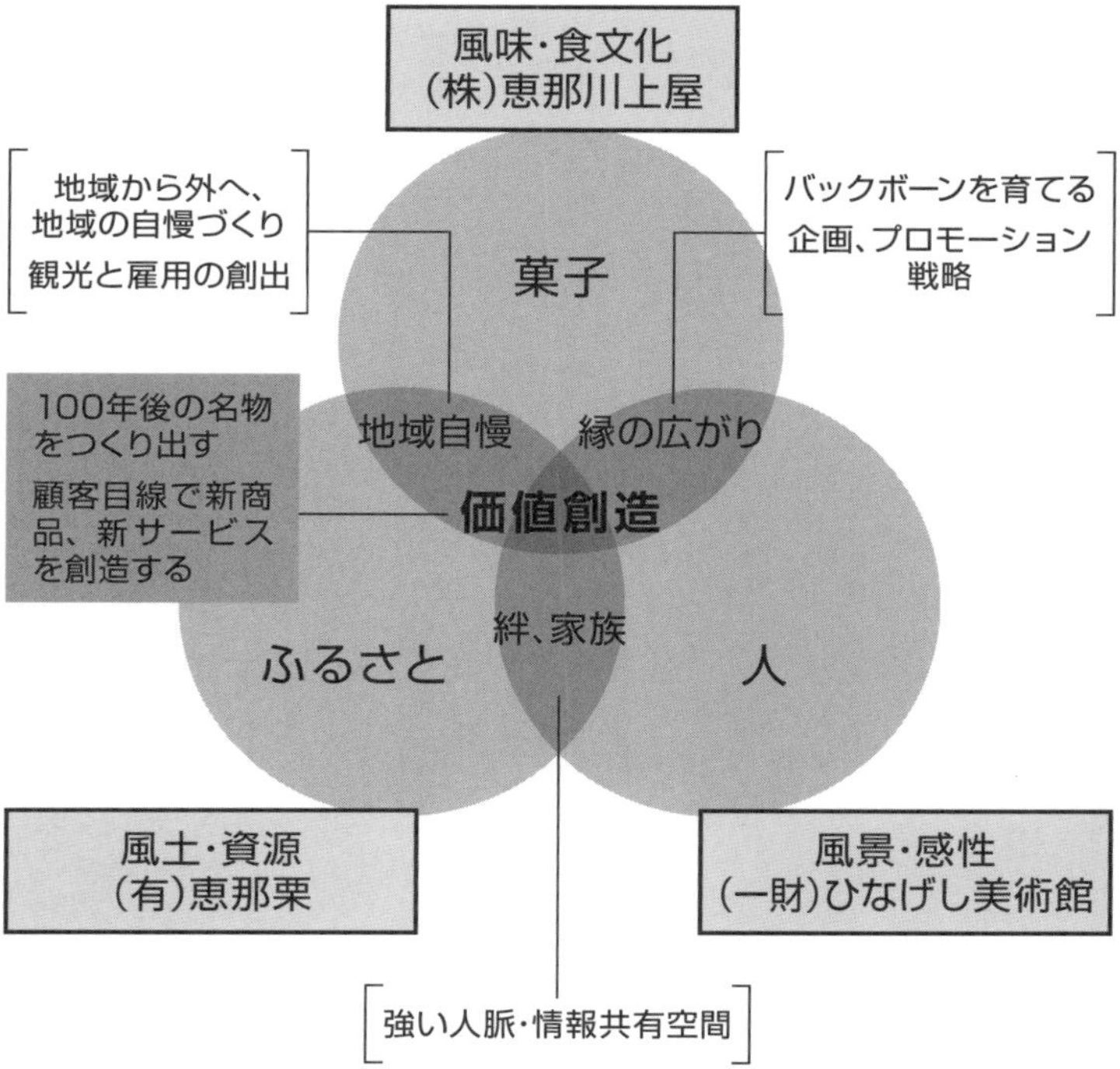

・デザイナー…小さなアパートで細々と仕事
・コピーライター…仕事がなく、生計を立てるためにスナックでアルバイトを兼業
・カメラマン…夫婦二人で写真館を切り盛りし、チラシ用の写真を撮影

という状況でした。しかし、ブランド化事業が成功した後には

・デザイナー…十人のスタッフを抱える会社を経営
・コピーライター…東京を拠点に活躍
・カメラマン…印刷業を開始し、従業員百人を超える会社に成長

というように、事業に関わったそれぞれの人々が、小さいところから始めて大きく育つことを夢見た結果、各々に良い状況を生み出しました。

また、生産者、JA、岐阜県においても、

・生産者…技術を身につけることにより、生産量が十倍となり、所得を大きく増やす
・JA…それまでは売上一億円を超える作物はトマトのみであったが、超特選恵那栗のブランド化により、栗も売上一億円を超える
・岐阜県…栽培方法という「資産」が生まれ、仕組みを確立

というように、それぞれが成長して創造することで結果に現れ、価値が大きくなっていったのです。プロはプロに任せてそれぞれが役割を全うすると、全体の価値が上がってくる、

会社の哲学

経営理念

環喜・貫喜・大歓喜

自分の『環り』を喜ばせることを、徹底して『貫く』ことで、あらゆる人を満たす『大きな喜び』を生み出す。

Vision

1000年継承ーすべてのステークホルダーに愛される『強い』会社へ

従業員、取引先、お客様、地域、株主、全てのステークホルダーに対して信頼と喜びを提供し、愛される企業となることで、1000年継承の『強い』企業を目指す。

Mission

風味・風土・風景（食文化・農業・芸術）感性を磨いて3つの風を吹かせる

食文化の創造（風味）、農業改革とプラットフォームの創造（風土）、心と感性を磨き創造性を高める（風景）ことを使命とし、豊かな喜びを生み出す。

Value

組織の役割・私たちの心がけ十箇条、フィロソフィー

組織の役割と、私たちの心がけ十箇条、フィロソフィーを行動の指針とし、ミッションを遂行する。

という経験を私はしました。価値や資源をどんどん向上させていくことで、周りもよくなっていく。これが地域のCSVとなるわけです。

プラットフォーム

栗を通じて農商工連携を融合させ、生産者に還元し、その仕組みを他素材・他地域に展開する。これが当社のプラットフォーム（土台となる環境）です。

当社は「菓子製造販売業」として事業を運営してきましたが、菓子製造販売業において、プラットフォームがみな同じ形態であると、どこも差別化できないと思います。各菓子店の観点で、ご自身の事業の中でつくり上げてきた資源を見直すことをお勧めします。

また当社がつくり上げてきた「農業から販売のサプライチェーン」は、チェーン内のどの切り口からでも入っていける仕組みをつくっています。例えば、もし栗の価格相場が一キロ一〇〇〇円から五〇〇〇円になったとしたら、私はこのサプライチェーンの中で菓子屋から農業へ大きくシフトするでしょう。時代は常に変化していくことから、そこから生まれるリスクを抑えることができるように、どの切り口からでも入れるように会社をつくっていくことが重要な戦略であると考えています。

超特選栗の農商工連携と役割、その仕組みの他産地化

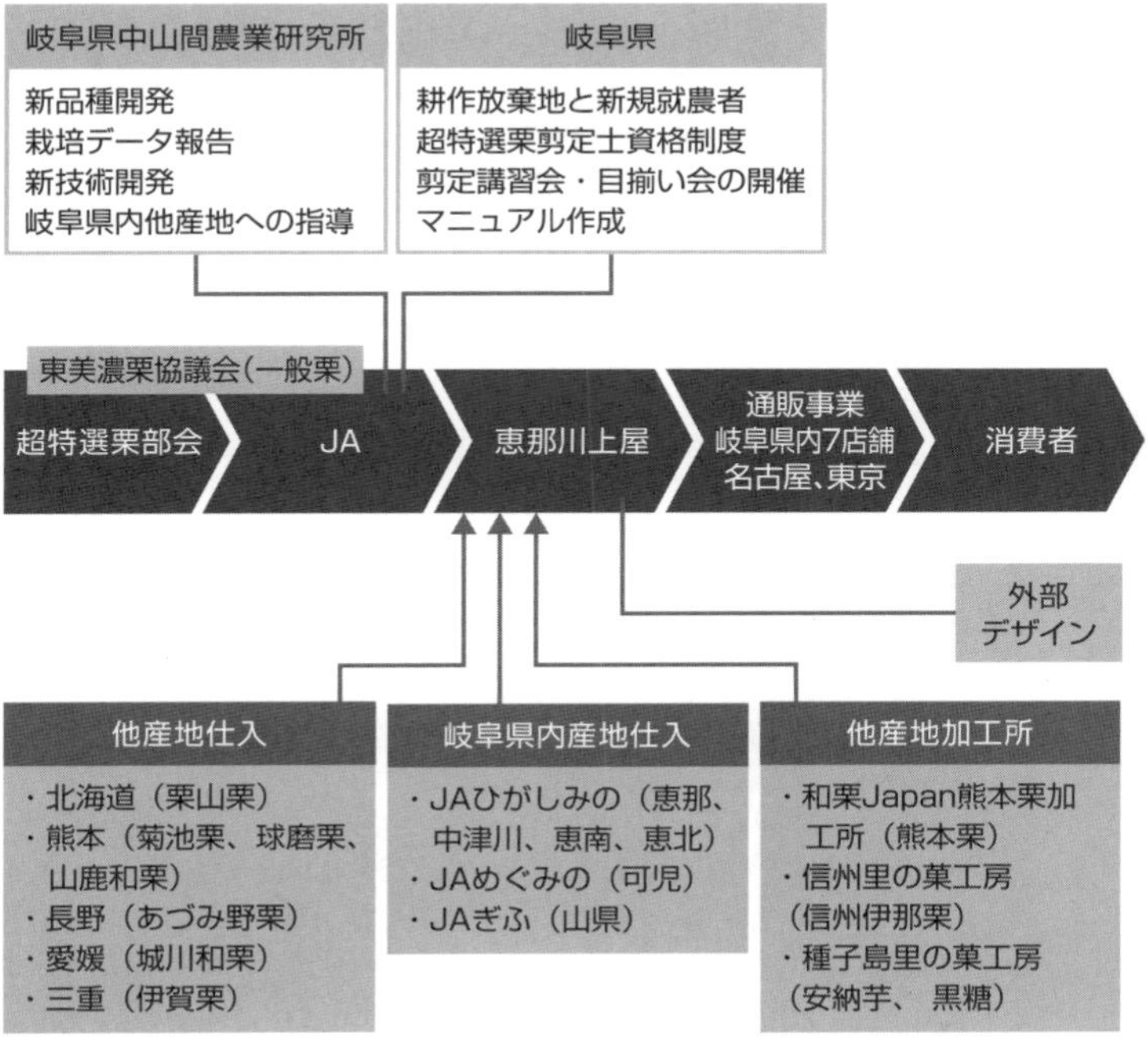
岐阜県中山間農業研究所
新品種開発
栽培データ報告
新技術開発
岐阜県内他産地への指導
岐阜県
耕作放棄地と新規就農者
超特選栗剪定士資格制度
剪定講習会・目揃い会の開催
マニュアル作成
東美濃栗協議会（一般栗）
超特選栗部会
JA
恵那川上屋
通販事業
岐阜県内7店舗
名古屋、東京
消費者
外部
デザイン
他産地仕入
・北海道（栗山栗）
・熊本（菊池栗、球磨栗、山鹿和栗）
・長野（あづみ野栗）
・愛媛（城川和栗）
・三重（伊賀栗）
岐阜県内産地仕入
・JAひがしみの（恵那、中津川、恵南、恵北）
・JAめぐみの（可児）
・JAぎふ（山県）
他産地加工所
・和栗Japan熊本栗加工所（熊本栗）
・信州里の菓工房（信州伊那栗）
・種子島里の菓工房（安納芋、黒糖）

サプライチェーンからバリューチェーンへ

当社は三〇年かけて年間の売上を三〇倍に伸ばしました。「コツコツ少しずつ積み上げ、着実に増収増益を繰り返す仕組み」をつくることが、これまで当社が行ってきた戦術です。今後もさらなる成長を目指すために、中長期戦略を"Growth 2030"と掲げました。イメージとしては「拡大」ではなく、構築したサプライチェーンの各要素に隠れている多くの強みの「成長（Growth）」を目指すものです。サプライチェーンをバリューチェーン化することで、さらに当社の「価値」を高めていきます。

私は、「農業から販売までのサプライチェーン」を構築していく中で、多くの「不」を取り除くことにより、会社に「資源」が蓄積されてきた経験があることから、それを活かそうと考えています。

栗の収穫期は九月から一〇月で、それ以外の時期は閑散期となります。そのため一一月から収穫できるトマト事業を開始することで、年間通じて農業を効率化しようとしています。

将来的には店舗の中にマルシェを設けて、甘いトマトを販売する計画です。千葉県にあ

素材の材料化（プラットフォーム）

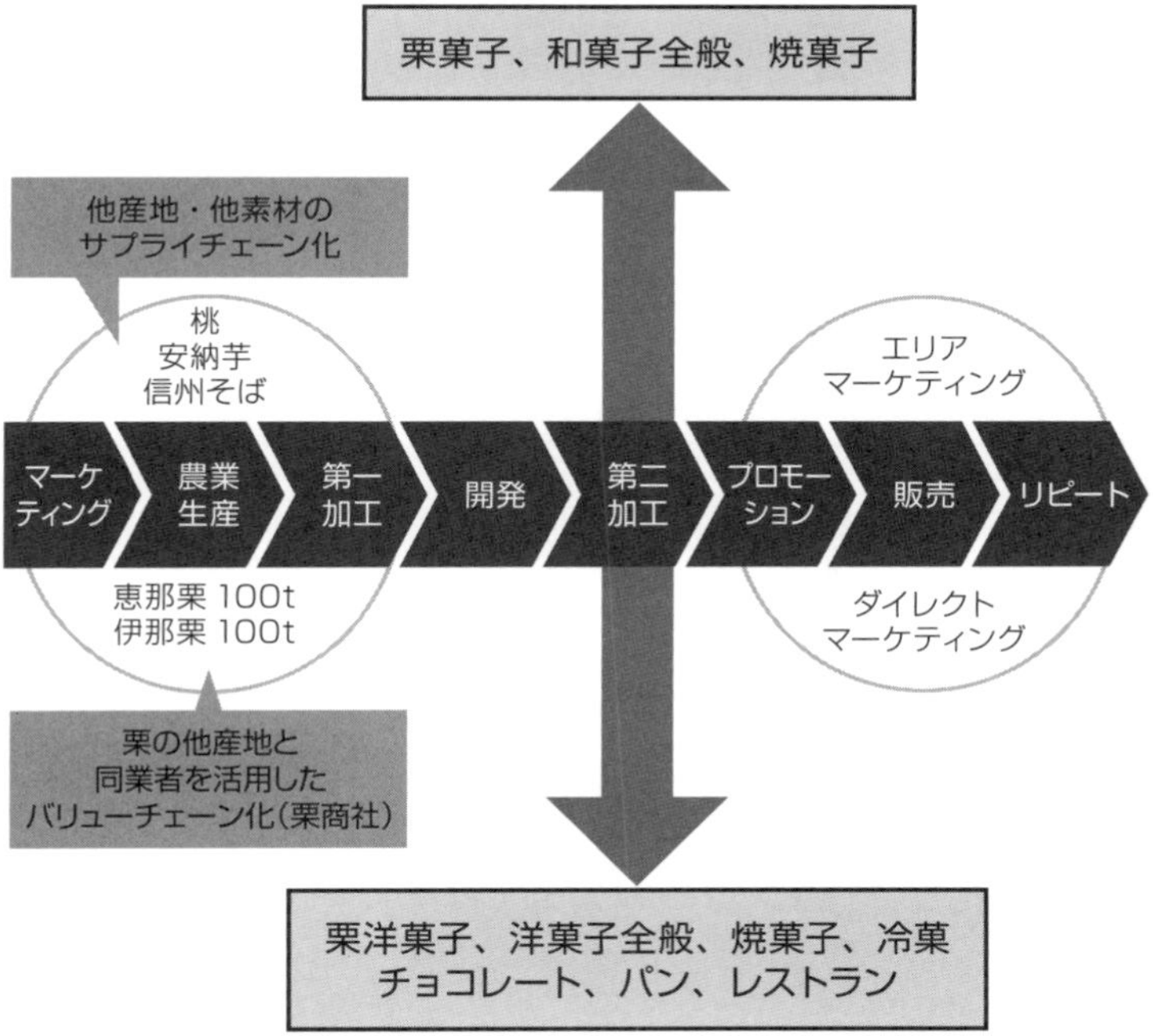

る「和郷園」のお力を借りて「おかしなトマト」というブランド名で運営をはじめます。栗生産者が栗とトマトの両方を生産するにより、収入が安定すれば、新規就農者を育てていく基盤となるはずです。「恵那の農業モデル」を実現していきます。

また、野菜などの素材を粉化する事業を行い、医療介護食、ペットフード、離乳食、宇宙食の製造を行っていきます。高齢化や人口減少に伴い、お菓子自体の方向性を変えていくことが重要だと判断しました。「安全な甘みを素材から引き出す」事業を同時に行っていきます。

私はサプライチェーンを構築するのに三〇年かかりました。このサプライチェーンそれぞれが持つさまざまな強みに今後バリューチェーンを縦に組み合わせていくことで、さらに新たな価値を創造していきます。

「里の菓工房」から「和栗JAPAN」へ

第4章で当社社名の変遷についてお話しました。二〇〇八（平成二〇）年に株式会社恵那川上屋として新体制をつくった後、株式会社里の菓工房は恵那川上屋の主に不動産管理等を行う持株会社として、事業展開してきました。

サプライチェーンからバリューチェーンへ

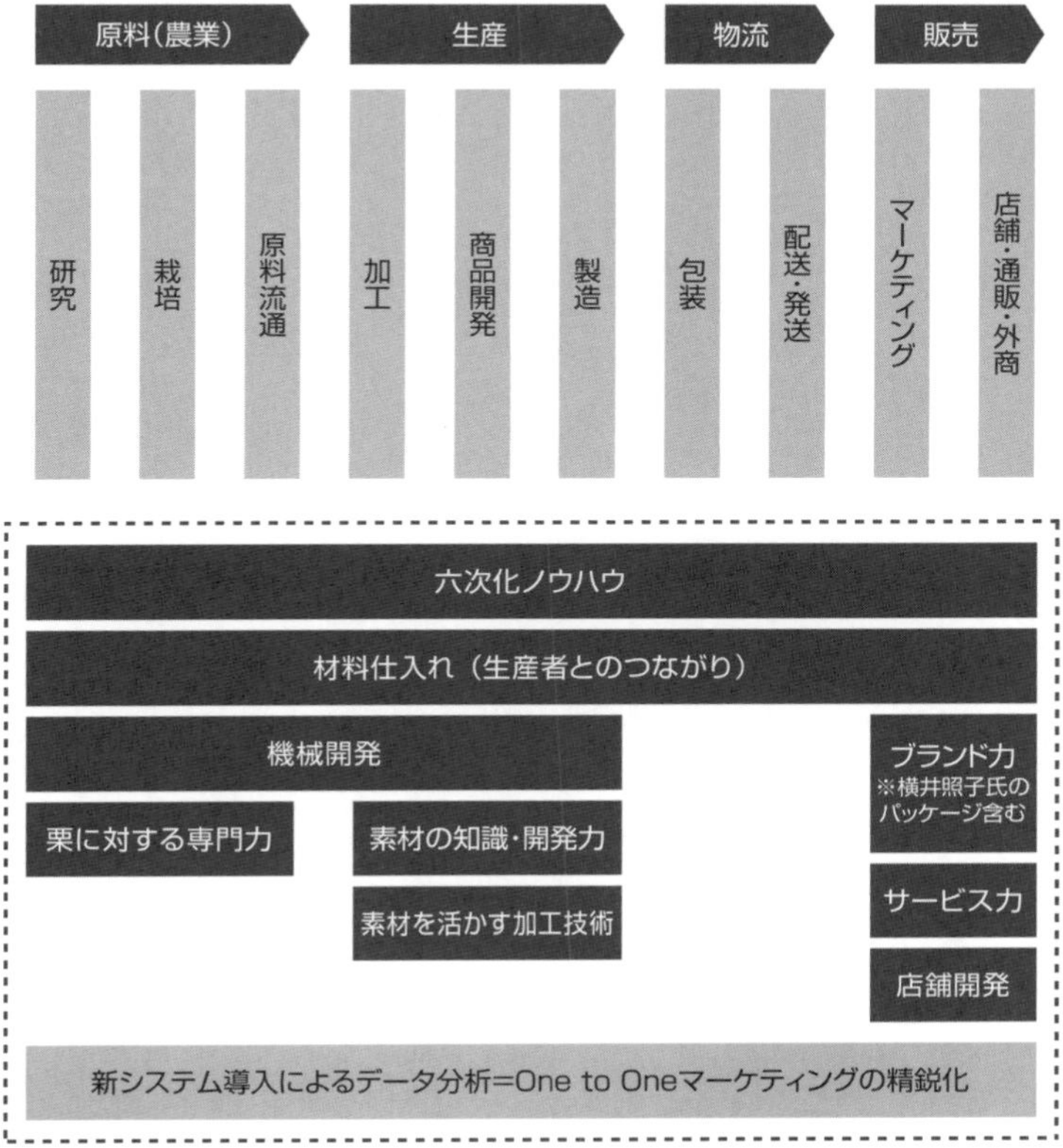

これまで培ってきた恵那川上屋の「強み」「価値」

「里の菓工房」の名称は、「里の果実をお菓子に変えて提供する」という意味を持ちます。今後は日本全国や世界に目を向けた戦略を視野に入れていることから、二〇二一（令和三）年に社名を株式会社里の菓工房から和栗ＪＡＰＡＮホールディングス株式会社に変更しました。名称には「全国にある栗の産地をつないで連携し、世界に通じる和栗の産地を目指す」という思いが込められています。

私たちが培った仕組みを携えて栗の各産地を応援し、賛同する仲間とともに世界を目指していくには、恵那川上屋ですと、どうしても「和洋菓子の製造販売」というイメージが付きまとってしまいます。そのためこの会社には、恵那川上屋よりもさらに「ビジネス領域を限定せず」かつ「多角的な視点」で栗を捉えていくという意味もあります。

また、これまで当社の人材は、「お菓子をつくりたい人」「お菓子を売りたい人」「農業に従事したい人」で構成されていました。今後は「アイデア発案」「デザイン」「組織統制」「人材教育」「開発者育成」など、これまでの人材が兼ね備えていない能力を持つ経験者を積極的に配置し、和栗ＪＡＰＡＮホールディングス株式会社が戦略の立案・管理・指導や、経営幹部人材の育成を中心的に担う組織となることで、効率的なグループ経営を行っていきたいと考えます。そして将来的にはこれらのスペシャリストによるコンサルティング事業も視野に入れています。

加えて、経営幹部の候補となる人材を育成し、将来その人材が担う新たな事業への出資を和栗JAPANホールディングス株式会社が行っています。

なお、「種子島里の菓工房」も「恵那川上屋 種子島安納加工所（または製糖所）」へ変更する予定です。安納芋のブランディングはもちろんのこと、製糖業を行う地域や島において、職人の人材育成、「砂糖杜氏」の普及も担っていきたいと思います。

最後に

五〇年後、皆さんは何歳になりますか？　私はもういないと思いますが……。

私は約二五年前に「超特選栗部会」を発足しました。栗の生産者の平均年齢は六五歳。生産者はどんどん高齢化し、農業の未来に光が見えなくなると考えました。その様子を見て見ぬ振りはできないと思い、農業法人である有限会社恵那栗を立ち上げました。そして生産できなくなった農地を借り受けることで、生産量を下げることなく、ここまでやってきました。

このとき私が「農業が無くなるかもしれない」と思っていたら現在の状況はないと思います。「無くなる」と確信したからこそ、農業法人を立ち上げたのです。

これまでの道のりを振り返ってみると、「不安」「不満」を「満足」「安心」に変える、つまり「不」を見つけてマイナスをプラスに変えていくことが、これまでの私のマーケティングの流れでした。

ですがこれからの時代、それは通用しにくくなってくると思います。「不」よりも「皆で共感できること」「皆で楽しくできること」を見つけ出し、まずは一歩を踏み出してみることが重要ではないでしょうか?

前述のトマト事業を例に挙げてみます。

栗の収穫期は九～一〇月で、それ以外の月は農閑期となり、農家の月収もそれに連動します。一定の安定した収入を得るためには、年間を通じて稼動する必要があります。「農家の収入が安定すればなあ」という小さなきっかけから、栗の収穫期とは異なる収穫時期のトマト事業を並行して展開することを考えたわけですが、この考えを聞いた仲間に「私たちも一緒にやるよ」「皆で収入を上げよう」という「共感」が生まれ、運営を開始することになりました。

小さなきっかけや着眼点から始まり、そこで発案した施策を、多くの人の「共感」を得ながら大きく育てて、バリュー化する。何かをプラスする「小さいもの」を見つけて「大きく育てて」いけばもっとうまくいくのではないか、という想いで私は模索しているわけです。

ちなみに私は当社が確立した「栗」事業にプラスするものは「トマト」が最適と判断しましたが、皆さんは自身の事業のプラットフォームに適う、一番気に入ったものを選べばよいと思います。各自の「強み」や「差別化できたもの」を見つけることができたらチャンスだと思いますし、見つけることで事業は発展する、とも思います。

また、想像力を高めることも大変重要です。例えば、海外出張の後に日本へ到着すると「やっと着いた」と感じると思います。これが、五〇年後には「やっと地球が見えた」と感じる旅も実現します。五〇年後、皆さんは宇宙に行くことができるでしょう。また、日本の技術によって、日本はロシアとトンネルでつながり、韓国とは橋でつながると思います。自由貿易が当たり前になり、世界の市場に日本のものが流れていきます。関税も撤廃され、世界で自由な商いが可能になるでしょう。

そんなとき、「宇宙に行くようになったら食事はどうするか」まで考える。「橋とトンネルで世界がつながったら、貿易はどうなっているだろうか」「関税はどうなっているだろうか」と想像して、自分が入ることができる小さなことがないかを模索するのです。

「なる」と決めたら小さなところから入って何かを見つける。「なる」と決めたら今から何をすべきかを考える。そしてその先に見えるものを見つけ出す。つまり「小さく入って大きく育てていく事業」でなければ成功しないと私は確信しています。

このスタンスを持ちつつ、「環喜、貫喜、大歓喜」によってみんなを幸せにすることを思いながら、恵那川上屋はさらに前に進んでいきます。

終章のポイント

- 超特選恵那栗のブランド化事業に携わった人々の間で共通価値が創造され、それぞれの成長に伴い価値がさらに向上
- サプライチェーンのどの切り口からでも入っていける仕組みをつくる
- 構築したサプライチェーンをバリューチェーン分析へシフトし、新たな価値を見出す

Profile

鎌田 真悟（かまだ しんご）

株式会社恵那川上屋　代表取締役

1981 年岐阜県立中津商業高等学校卒業。和・洋菓子製造の修行を経て、1986 年株式会社恵那川上屋の前身である有限会社ブルボン川上屋に入社。1998 年代表取締役就任。

「地域の素材を、地域で加工し、地域で販売する」戦略を立て、「超特選恵那栗」生産者の組織化、流通コスト削減によるサプライチェーンの効率化、販売戦略による新規顧客拡大など、生産者に還元することによる「生産者の自信の構築」と「地域の名物」を開発することで、地域顧客の自慢を徹底して貫いて経営。

さらに農業を発展させるため「有限会社恵那栗」を設立、恵那川上屋のパッケージデザインをスイスの国民的画家・横井照子氏に依頼し、本社に「一般財団法人横井照子ひなげし美術館」を開館、種子島にて黒糖と安納芋加工工場を設立、長野県飯島町で栗の産地化や住民と生産法人を立ち上げ「株式会社信州里の菓工房」を設立、熊本栗加工所の設立を実施した。

近年では栗の輸出に向けた「和栗 JAPAN ホールディングス株式会社」の設立、栗とトマトで地域農業を活性化させる「株式会社恵那山ファーム」の設立など、栗の地域事業から他産地・他素材の連携と融合を実施し、新たなバリューチェーン化を目指す。

2010 年『日本一の栗を育て上げた男の奇跡のビジネス戦略』出版
2015 年　明治大学専門職大学院　グローバル・ビジネス研究科修了

関連会社

株式会社恵那川上屋	代表取締役
和栗 JAPAN ホールディングス株式会社	代表取締役
有限会社恵那栗	代表取締役
株式会社恵那山ファーム	代表取締役
一般財団法人横井照子ひなげし美術館	代表理事
株式会社信州里の菓工房	代表取締役
株式会社和栗 Japan 熊本栗加工所	取締役

栗農家の皆さんとともに（超特選栗部会発足時）

カバー・表紙　横井照子《栗手提げ袋 原画》

この度は弊社の書籍をご購入いただき、誠にありがとうございました。
本書籍に掲載内容の更新や訂正があった際は、弊社ホームページ「追加情報」にてお知らせいたします。下記のURLまたはQRコードをご利用ください。

https://www.nagasueshoten.co.jp/extra.html

栗が風を運んだ 菓子店と農家が創る地域ブランディング　ISBN 978-4-8160-1397-3

© 2021. 8. 26　第1版　第1刷

著　鎌田真悟
印刷　創栄図書印刷 株式会社
製本　新生製本 株式会社

発行所　株式会社　**永末書店**

〒602-8446　京都市上京区五辻通大宮西入五辻町 69-2
（本社）電話 075-415-7280　FAX 075-415-7290　（東京店）電話 03-3812-7180　FAX 03-3812-7181
永末書店 ホームページ　https://www.nagasueshoten.co.jp